위대한 발견으로 만나는
과학교과서

위대한 발견으로 만나는
과학교과서

초판 1쇄 발행 | 2015년 1월 7일
초판 2쇄 발행 | 2016년 5월 30일

지은이 | 과학노리
펴낸이 | 박정태
펴낸곳 | 사이언스주니어

주 소 | 파주시 파주출판문화도시 광인사길 161 광문각빌딩
전 화 | (031) 955-8787
팩 스 | (031) 955-3730
등록번호 | 제406-2014-000118호
HOME | www.kwangmoonkag.co.kr
Email | kwangmk7@hanmail.net
블로그 | http://blog.daum.net/g90605/
　　　　　http://blog.naver.com/g90605
ⓒ 2010, 과학노리

ISBN 979-11-954185-1-0 (set)
　　　979-11-954185-3-4 (74400)

값은 뒷면에 표기되어 있습니다.
저자와의 협의하에 인지는 붙이지 않습니다.
잘못된 책은 구입하신 서점에서 바꾸어 드립니다.

상상력을 깨우는 초등 과·수·원 04

교과서를 뛰어넘는 **과학교과서**

위대한 발견으로 만나는

과학교과서

과학노리 글 · 전국초등과학교과연구모임 감수

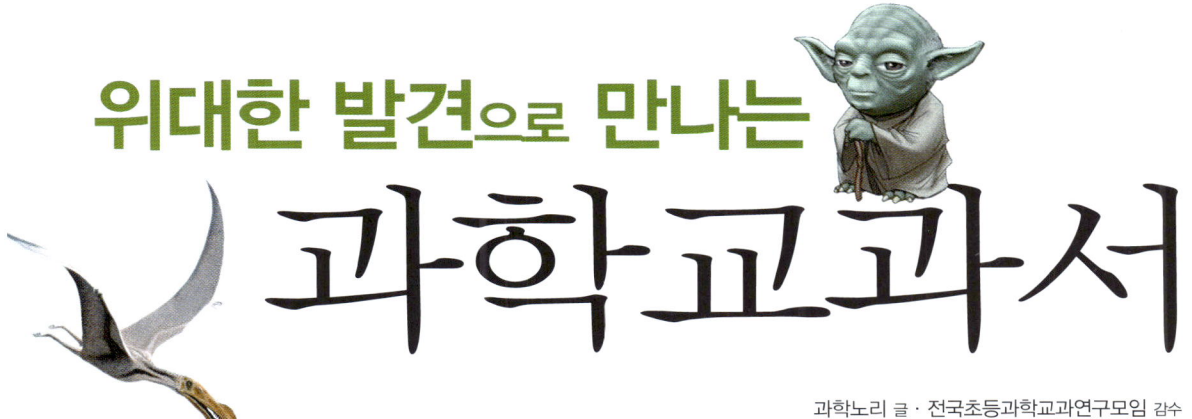

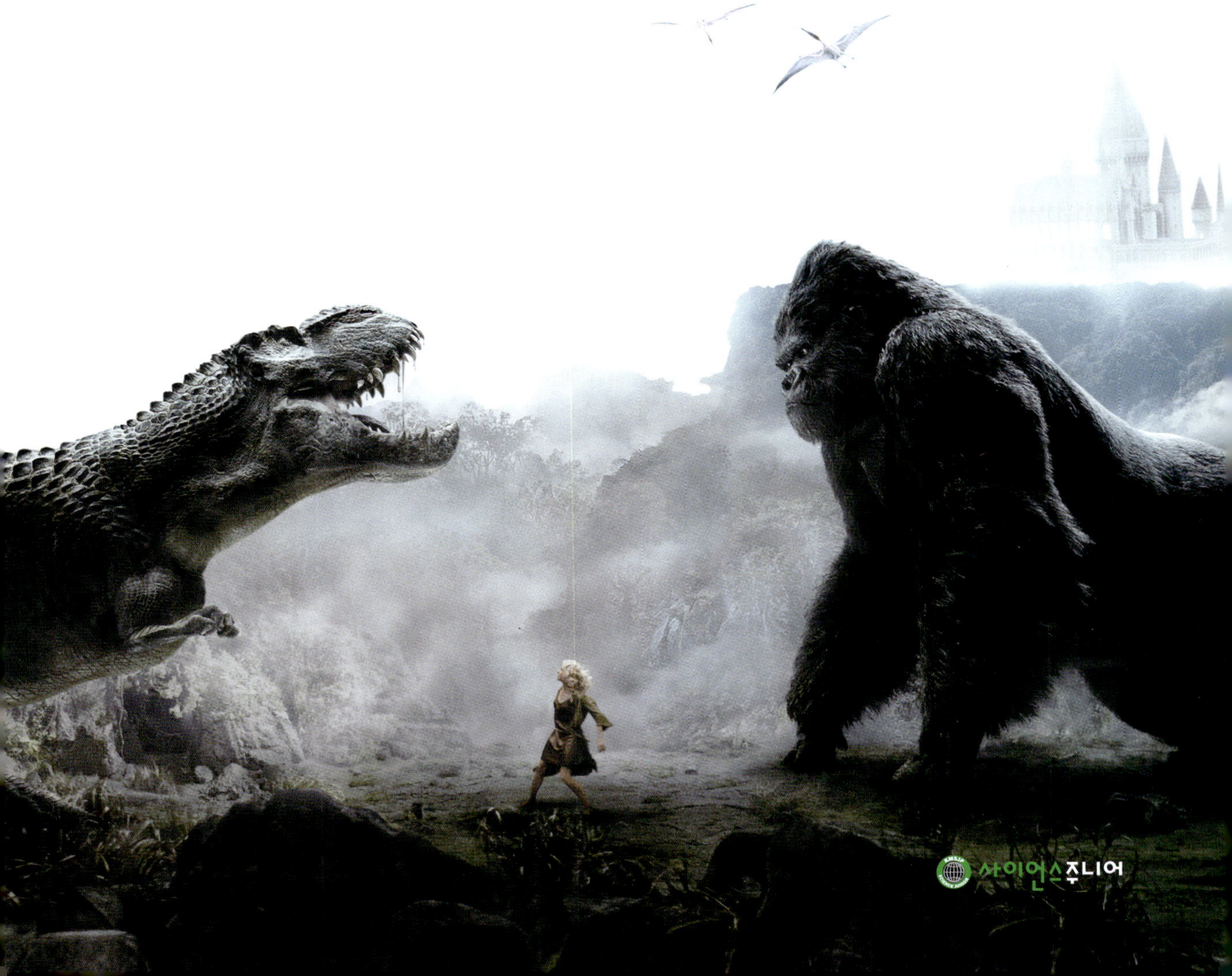

사이언스주니어

들어가는 말

우리는 세상을 얼마나 알고 있을까요? 보이는 것만큼?

세상을 움직이는 비밀들은 우리 눈에 거의 보이지 않습니다. 어쩌면 우리의 눈을 피해 숨어 있는지도 모릅니다. 그것들을 찾기 위해 먼 옛날의 철학자들이나 과학자들, 혹은 사상가들은 수많은 날들을 숨바꼭질하듯이 찾아 헤매었습니다. 비밀의 문을 연 사람들은 그다지 많지 않았습니다. 그 사람들은 역사의 각 장에서 가장 위대한 인물들로 자리매김했습니다.

그렇다면 그들이 이렇게 위대한 자취를 남길 수 있게 만든 힘은 무엇일까요? 하늘에서 어느날 위대한 영감이 툭하고 떨어졌을까요? 우리 인류 역사가 흘러오는 동안 알게 모르게 쌓아온 수많은 지식과 지혜의 힘이 있었기 때문에 가능한 일이었습니다.

뉴턴은 기적의 해라고 불리는 1666년 인류의 운명을 바꿀 정도로 위대한 발견을 했습니다. 신이 숨겨놓은 비밀스런 세상의 설계도를 찾은 것입니다. 그는 말했습니다. '내가 이룩한 모든 것은 거인의 어깨 위에서 세상을 보았기 때문이다.'라고. 물론 그 거인은 코페르니쿠스와 케플러, 갈릴레이가 만든 과학적인 토대를 가리킵니다.

거인의 어깨 위에 있다고 누구나 그와 같은 업적을 이룰 수는 없습니다. 떨어지는 사과를 보고 어떤 사람은 계절을 느낄 것이고, 또 어떤 사람은 군침을 삼킬 것입니다. 그런데 뉴턴은 이렇게 생각했습니다.

'왜 사과는 땅으로 떨어지는데 저 하늘에 있는 달은 땅으로 떨어지지 않을까!' 그가 가진 의문이 과학사에 있어 가장 위대한 발견을 불렀습니다. 작은 호기심이 그 출발이었죠. 인간이 도구를 만들기 시작하면서부터 대부분의 발견과 발명은 이 호기심 때문에 가능했습니다.

만약 그의 정원에 사과 나무가 없었다면 어땠을까? 하고 생각하는 사람도 있겠지요. 뉴턴의 호기심도 사라졌을까요? 아마 인류의 발전이 엄청 늦춰졌을 것이라고 생각하겠지만 뉴턴은 다른 사람과는 분명히 달랐습니다. 사과가 떨어지지 않았다면 책상 위의 책이라도 떨어졌을 것이고, 탁자 위의 찻잔이라도 떨어졌을테니 그러한 가정은 사실 무의미합니다.

작은 호기심에다 또 하나의 중요한 밑바탕이 필요합니다. 위대한 발자국을 남긴 과학자들은 무언가가 달랐습니다. 선조들의 유산을 뛰어 넘는 새로운 생각의 틀을 가졌죠. 우리가 학교에서 답안을 작성하듯 그렇게 지식만을 추구한다면 아무리 뛰어나더라도 그 이상을 넘어 새로운 세계를 열 수는 없습니다. 그 지식을 바탕으로 신세계의 문을 열 지혜가 필요합니다. 지식은 지혜로 가는 징검다리인 셈이죠.

그렇게 하기 위해 진정 필요한 것이 무엇인가를 찾는 것은 이제 각자의 몫입니다.

과학노리

차례

두 번째 이야기_22
위대한 발명,
인간을 거인으로

문명을 발전시킨 발명들

첫 번째 이야기_8
작은 출발, 문명을 준비하는 사람들

원시인에서 문명인으로

세 번째 이야기_42
신이 주신 선물,
지구의 신비를 찾아서

지구의 비밀

네 번째 이야기_60
신이 주신 선물, 우주의 신비를 찾아서

우주의 비밀

다섯 번째 이야기_76

작지만 큰 힘,
가벼운 기체 이야기

공기와 증기

여섯 번째 이야기_92

우연한 발견,
생명을 지킨 사람들

인간과 의학의 발전

일곱 번째 이야기_106

보이지 않는 세계, 감춰진 힘을 찾아서

미시세계 이야기

여덟 번째 이야기_126

생명의 법칙, 생명의 숨은 비밀들

진화와 유전

01 첫 번째 이야기

지혜로운 엄마가 들려주는 과학 이야기

작은 출발, 문명을 준비하는 인간들

◀ 원시인에서 문명인으로

불!

불은 자연이 인간에게 준 선물입니다. 자연이 준 불을 받아 맨처음 사용한 인간은 매우 용감했습니다. 천둥 번개만 쳐도 무서워서 벌벌 떨던 자연의 노예였지만, 노예를 벗어나 자신의 삶에서 불의 주인이 된 인간.

인간과 불의 관계는 어떻게 변해 왔을까요? 어떤 사연들이 숨어있을까요? 불처럼 뜨거운 호기심이 생긴다구요? 자 그럼, 함께 살펴볼까요?

자연의 불을 스스로 선택한 인간이 처음 군집을 이루어 살게 된 것은 우연이었습니다. 생각의 전환이 온

기상 현상인 번개는 정체를 알기 전까지 가장 두려운 것 중의 하나였습니다

것입니다. 자연에게서 많은 도움을 받고 있었지만, 원시 공동체 사회가 발달하면서 인간은 점차 그 원리를 알게 되었습니다.

당시 인간에게 가장 공포스러운 적은 자연이었습니다. 비가 오거나 바람이 불거나 천둥과 번개가 치면 인간은 무서워서 벌벌 떨었습니다. 하늘에 있는 신이 노한 것이라고 여겼습니다.

자연적으로 발생한 화재로 불에 탄 동물의 고기를 먹었던 사람들은 불의 장점을 알게 되었습니다.

그런 인간에게 큰 변화가 찾아왔습니다. 자연현상 속에서 불을 발견한 것입니다. 사실 그 이전에도 불은 원시인들에게 익숙한 것이었습니다. 번개를 맞은 나무도 보아왔고, 화산이 폭발해 모든 것을 불태우는 것도 경험했습니다. 그리고 나뭇가지가 세찬 바람에 서로 가지를 비벼대다가 불을 일으키는 것을 보고 신기하게 생각했습니다.

그러던 중 추운 겨울철에 누군가 그 불타고 있는 나무 옆을 지나가다가 따뜻한 온기를 느끼고, 불을 자신의 동굴로 가져갈 궁리를 했겠지요.

하지만 가져가려고 불에 손을 대면 너무 뜨거워 놀라 나자빠지

그리스 신화에 등장하는 신, 프로메테우스는 제우스의 불을 훔쳐 인간에게 선물했기 때문에 독수리에게 간을 쪼아먹히는 형벌을 받게 되었다고 합니다.

며 화상을 입었겠지요.

두려웠지만 그 원시인은 추위를 잊게 만들어준 불을 가져가기 위해 고민하기 시작하였고, 하나둘씩 문제를 해결해나가기 시작했습니다. 그 이전에 어느 누구도 생각지 않았고 감히 엄두조차 내지 못했던 일을 한 것입니다.

그는 몇 가지 중요한 사실들을 발견합니다. 불이 일어난 나무는 물기라고는 전혀 없는 마른 나무였고, 그날따라 바람이 심하게 불어 나뭇가지끼리 서로 몸을 비비다 불이 일어났다는 것을 알게 된 것이지요.

그래서 그는 주변에서 마른 나뭇가지를 모아 비벼댑니다.

불이 일어납니다.

인간으로서는 처음으로 자연에 의지하지 않고 불을 만들어낸 것입니다. 그때서야 불은 신이 노해서 만들어낸 무서운 재앙이 아니라, 인간을 거인으로 성장시킬 큰 선물이었다는 사실을 알게 되었습니다.

그는 불을 인간의 거주지로 옮겼습니다. 그리고 불에서 새로움을 발견합니다.

불은 어둡고 긴 밤을 밝고 따뜻하게 바꾸어주었습니다. 그리고 소화가 잘 되게 음식을 익혀 주었습니다. 인류의 발전이 시작되었고, 점점 더 빨라졌습니다.

인간이 음식을 익혀 먹음으로써 얻은 것은 실로 엄청난 것이었습니다.

기생충이나 상한 음식으로 인한 병의 위협으로부터 더욱 안전해졌고, 조리하는 과정에서 많은 기술의 발전을 이루었습니다.

또한 불가에 있는 흙이 단단해지는 것을 목격하고는, 흙으로 빚은 그릇을 불에 구워 더욱 단단하게 만들기 시작했습니다. 그 과정을 거치면서 지금의 우주선을 만드는 데 꼭 필요한 세라믹 제조 기술로까지 발전하였습니다.

불은 인간이 발견한 가장 위대한 선

세라믹

높은 온도에서 구워 만드는 비금속의 고체재료를 말합니다. 일반적으로 도자기 등을 말하기도 하는데 엄밀히 말하면 유리, 시멘트, 불을 견디도록 벽에 부착하는 물질을 통틀어 부르는 말입니다.

물이라 해도 과언이 아닙니다. 불 가까이로 사람들이 모이게 되고, 점차 부락을 형성하면서 나중에는 국가로까지 발전하는 계기가 되었습니다.

또한 불을 조절하므로써 인간은 청동기를 만들고 이후에는 철기까지 만들면서 인간을 금속의 시대로 이끄는 중요한 역할을 합니다.

통나무에서 바퀴의 원리를 발견하다

우리는 이집트의 거대한 피라미드를 볼 때 그 웅장함에 입이 벌어져 얼른 다물지 못합니다. 그 크기나 축조 방식에서 풀리지 않는 많은 수수께끼를 품어왔습니다. 그 중에서 우리의 호기심을 가장 크게 자극하는 것은 바위 하나 없는 사막 한가운데까지 어떻게 그런 무거운 돌들을 옮겨왔을까 하는 것입니다.

그 답은 둥근 통나무에 있습니다. 고대 이집트 사람들은 통나무들 위에 바위를 올려 크게 힘들이지 않고 옮길 수 있었습니다.

동양에서도 그와 같은 기록은 어렵지 않게 찾아볼 수 있습니다. 중국 사람들은 거대한 성벽을 쌓을 때 통나무를 이용해 바위를 옮겼습니다.

통나무를 잘라 만든 최초의 바퀴 형태

통나무의 둥근 모양이 물건을 옮기는 데 도움이 된다는 사실과 둥근 돌이 모난 돌보다 잘 굴러간다는 사실을 알게 된 메소포타미아, 중국, 인도 사람들은 인간의 역사에서 아주 중요한 발명을 하기에 이릅니다.

지금으로부터 약 5,500년 전, 메소포타미아에서는 그 이전까지 통나무를 이용해 물건을 나르던 것에서 벗어나 그것을 다듬어 원반 모양으로 만들기 시작했습니다.

그 원반을 이용해 원시적인 바퀴를 탄생시켰습니다. 이전까지는 물건을 옮길 때 통나무를 들어 옮기는 번거로움이 있었는데, 이때부터는 원반 모양의 나무로 만든 바퀴를 단 수레가 대신했습니다. 물론 피라미드를 쌓을 때 사용되었던 엄청난 무게의 돌을 나르는 것은 불가능했습니다.

초기 세 개의 판으로 만든 바퀴

바퀴는 점차 무게를 줄이기 위해 홈을 파다 결국 바퀴살을 개발합니다.

메소포타미아의 고대 유적에서 발견된 이 그림에서 알 수 있듯이 그들은 최초의 바퀴와 마차를 이용한 것으로 보입니다.

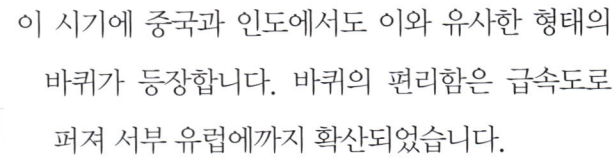

최초의 바퀴는 통나무를 잘라 이용했으나 바퀴의 무게때문에 잘 구르지 않아 구멍을 뚫어 이용했습니다.
이 구멍은 점차 바퀴살로 대체되었고 바퀴의 수명을 연장하기 위해 금속을 두르기도 했습니다.
현재 사용하는 고무에 공기를 넣는 방식은 최근에 개발되었습니다.
또한 오늘날의 바퀴는 그 특성에 따라 홈을 달리하며 이용하고 있습니다.

이 시기에 중국과 인도에서도 이와 유사한 형태의 바퀴가 등장합니다. 바퀴의 편리함은 급속도로 퍼져 서부 유럽에까지 확산되었습니다.

하지만 처음부터 바퀴가 물건을 실어 나르는 데 이용된 것은 아닙니다. 무거운 물건을 실어 나를만큼 튼튼하지 못했기 때문입니다. 바퀴를 만들기 위해 다듬은 통나무는 점차 마르면서 결을 따라 갈라지기도 하고, 몇 개의 나무판을 덧대어 만든 바퀴들은 부서지기 일쑤였습니다. 따라서 당시 사람들은 이 문제를 해결하기 위해 많은 고민을 했겠지요. 그래서 얇은 나무나 구리로 만든 테를 둘러 더욱 튼튼하게 만들었고, 드디어 무거운 물건도 나를 수 있게 됩니다.

처음 통나무를 다듬어 만든 바퀴가 등장한 후, 무거운 물건을 실어 나를 만큼 튼튼한 바퀴가 나오기까지 무려 1,000년이라는 시간이 걸렸습니다.

그리고 우리가 고대 사람들의 생활을 다룬 영화에서 볼 수 있는 바퀴에 살이 있는 것을 만들어 내기까지는 또다시 500년이라는 긴 시간이 필요했습니다.

 이렇게 오랜 시간에 걸쳐 바퀴는 인간의 생활에 편리함을 주는 도구로서 중요한 역할을 하며 문명을 발전시켰지만, 어두운 면도 갖고 있었습니다.

 그것은 바로 바퀴가 국가 간의 전쟁에서 아주 중요한 수단이 되었기 때문입니다. 그 이전까지는 전쟁에 필요한 많은 물자를 사람이 직접 짊어지고 가거나 말 등에 실어 옮겨야 했는데, 바퀴를 단 수레가 발명되면서 훨씬 편리해지게 된 것이지요.

 이웃 나라에 대한 본격적인 약탈과 침략으로 많은 사람들이 자신들의 나라를 빼앗기고 죽거나 노예로 끌려가게 되었습니다. 이렇게 위대한 발견과 발명이 때로는 인간을 해롭게 하는 경우가 인간의 역사에는 무수히 많답니다.

문명을 발전시킨 철의 발견

철이 없었다면 어떻게 되었을까요? 현재 우리가 사용하는 일상용품, 건물, 다리 등에 철을 이용한 것들이 많습니다.

 사실 철이 생산되기 전에는 농기구도 돌이나 나무로 만들었으

철의 재련에서 가장 중요한 것 중 하나가 불을 다루는 기술입니다

며, 주택이나 생활용품도 대부분 자연에서 얻은 것들을 적절히 가공해서 사용했습니다.

 사냥할 때 사용한 무기도 돌로 만든 칼이나 화살촉, 나무로 된 창을 사용했습니다. 무겁기도 하고 쉽게 깨지거나 부러져 매우 불편했을 것입니다. 그래서 인류가 갖게 된 수많은 기술 중에서도 금속을 사용하기 시작한 것은 재료 면에서 아주 중요한 사건이라 할 수 있습니다.

금속은 돌에 비해 가공하기도 쉽고, 강한 충격을 가해도 나무처럼 부러지거나 돌처럼 깨지지 않는 장점을 가지고 있습니다.

 따라서 금속으로 된 무기나 농기구를 사용한 부족은 다른 어떤 무리보다도 강한 부족으로 성장할 수 있었고, 그것을 밑받침으로 삼아 점차 국가로 발전해 나갔답니다.

 처음 금속을 발견했을 때와 비

고대의 철제 무기

교해보면 현대의 인류는 수많은 금속을 이용하고 있습니다. 하지만 초기에는 청동과 철이 금속의 전부였습니다. 이것은 인류의 시대가 구석기, 신석기, 청동기, 철기로 나누어진다는 점에서도 잘 알 수 있습니다.

처음으로 금속을 다루게 된 청동기 시대는 기원전 3000년경부터 시작되었고, 무른 청동기의 단점을 탈피하여 더욱 강한 철을 주된 금속으로 사용하게 된 철기 시대는 기원전 500년경부터 시작되었답니다.

청동기 시대

무기나 농기구와 같은 주요 기구를 청동으로 만들어 사용하던 시대를 말합니다. 돌을 갈아 기구로 사용하던 석기 시대와 철기 시대의 중간 시대에 해당합니다. 중국에서는 은나라 · 주나라가 이 시기에 해당하고, 우리나라에서는 기원전 1천년경에 시작되었는데 이 시기는 고조선이 세력을 확장하던 시기입니다

중국의 철기 제작 모습을 그린 그림

철을 녹이기 위해서는 청동기보다 더 강한 열을 필요로합니다

20세기 이후 플라스틱이나 세라믹과 같은 새로운 소재를 개발해 다양하게 활용하고 있지만, 철과 같은 금속이 가진 능력을 대신하지는 못합니다.

만약 자연에서 발견한 금속을 단순히 단단한 돌 정도로만 생각했다면 인류의 삶은 바뀌지 않았을 것입니다. 어느 날 발견한 단단한 금속을 보고 자신이 가진 무기나 도구보다 더 강한 것을 만들 수 있지 않을까 하는 생각이 위대한 발견으로 이어지게 된 것입니다.

자연에서 청동을 발견하여 이를 다루는 방법을 개발하면서부터 인간은 처음으로 금속으로 만들어진 물건을 갖게 됩니다. 그러나 금속으로 처음부터 농기구나 생활용품을 만드는 것은 아닙니다. 금속이 귀하고 다루기 어려웠기 때문에 무기를 만드는 데 주로 이

위의 철로 된 창이나 칼, 화살촉 등의 무기를 만들기 위해 철기 시대의 사람들은 돌로 깎은 거푸집이란 틀을 만들었습니다.

용되었고, 일부 특정 지배층을 위한 장식물로 사용되었습니다. 그러다가 점차 그 활용 범위가 넓어져 더 많은 금속을 생산하기 위해 금속만을 전문으로 다루는 사람이 필요하게 되었고, 그 후 이를 다룰 수 있는 사람이 대를 이어 기술을 물려받게 되면서 청동기 시대부터 장인 계층이 형성되기 시작하였답니다.

청동은 희귀한 금속이었고 무기 외에 다른 물건을 만들기에는 턱없이 부족하자 인간은 새로운 금속을 찾아 나섰습니다. 그러다가 발견한 새로운 금속이 바로 철입니다.

철은 매장량이 풍부하고 가격도 저렴했기 때문에 청동보다 폭넓게 사용되었습니다. 철기 시대에 접어들면서는 일부 특정 계층뿐만 아니라 평범한 농부들도 금속으로 된 농기구를 마련할 수 있었습니다.

철이 우리의 생활 속에 깊이 자리잡고 현대까지 이어지고 있는 것도 바로 그러한 이유 때문입니다.

우주에서 철은 어떻게 만들어질까?

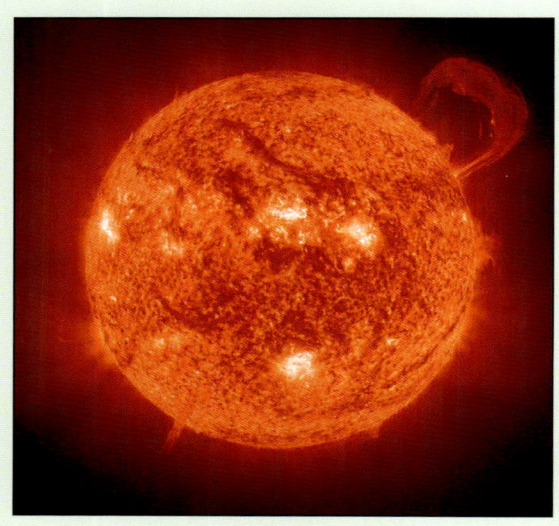

태양은 대부분 수소로 이루어진 기체입니다. 우리에게 따뜻한 열과 빛을 보내주는 것은 바로 이 수소가 결합해서 생긴 에너지입니다. 그런데 이 태양에서는 우리에게 가장 중요한 원소들이 만들어진다고 하는데 왜 그런 걸까요?

그것을 알기 위해서는 우리 태양계가 어떻게 만들어졌는가를 알아야합니다. 우리 태양계가 있기 전에 얼마 떨어지지 않은 곳에 우리의 태양보다 수백 배 이상 큰 별이 있었습니다. 그런데 이 별은 너무 커서 자신을 태울 연료를 빠른 속도로 소모해 버립니다. 연료를 태운다니 무슨 말이냐고요?

이것은 약간 어려운 말로 핵융합이라고 합니다. 태양이 빛나는 것은 태양을 이루고 있는 수소 원자 4개가 하나로 융합하면서 헬륨이란 원소로 바뀝니다. 그런데 이 헬륨의 무게는 수소원자 4개를 합한 무게보다 약간 작습니다.

이상하죠? 수소 원자4개가 모여 하나의 헬륨으로 되었다면 무게가 같아야하는데 말이죠. 그럼 그 모자란 무게만큼은 어디로 사라졌을까요? 답은 우리가 태양으로부터 받는 빛과 열입니다. 그 모자란 무게만큼 에너지로 변한 것이죠. 이런 핵융합과정을 통해 태양은 빛나게됩니다. 하지만 언제까지나 그렇게 빛날 수는 없습니다. 우리 인간에게도 수명이 있듯이 태양에게도 수명이 있습니다.

우리의 태양은 대략 50억 살인데 우리 태양보다 수백 배 큰 태양은 그보다 수명이 훨씬 짧습니다. 이는 우리가 장작을 지필 때를 상상해보면 쉽게 알 수 있습니다. 만약 열을 약하게 해서 나무를 서서히 때면 오랫동안 태울 수 있습니다. 하지만 장작을 한꺼번에 넣고 열을 높이면 장작은 금방 동이 납니다. 태양에서도 이와 같은 일이 벌어집니다.

우리 태양보다 큰 별은 수소를 한꺼번에 태워 연료가 쉽게 동이 나버립니다. 그럼 다음엔 어떻게 될까요? 이제 수소가 없으니 헬륨을 태웁니다. 이 헬륨은 서로 융합해 보다 무거운 원소들인 탄소와 산소같은 원소들을 만듭니다. 이때가 되면 별은 수명을 다해 죽어가는 별이 됩니다. 그리고 별의 가장 안쪽에는 그 별에서 만들 수 있는 가장 무거운 원소인 철까지 만들어집니다. 아마 죽음을 앞둔 별을 잘라본다면 가장 안쪽에는 철이 들어 있고, 그 바깥으로 점점 가벼운 원소들이 위치할 것입니다.

마침내 더이상 빛을 낼 수 없는 별은 큰 폭발을 합니다. 우리가 초신성 폭발이라고 부르는 것입니다. 이 폭발로 아주 무거운 별은 블랙홀을 만들기도 합니다. 그럼 폭발로 날아간 파편은 어떻게 될까요? 그 파편과 먼지들이 모여 만들어진 것이 바로 우리 태양계입니다. 우리 태양계에서 가장 먼저 만들어지는 것은 태양입니다. 이 태양이 모여 빛을 발할 만큼 커지면 태양으로부터 태양 폭풍이 만들어지고 그 폭풍이 주변의 가벼운 가스들은 멀리 보내 목성과 토성, 천왕성, 해왕성과 같은 가스행성을 만들고 밀려나지 않은 무거운 원소들이 모여 수성과 금성, 지구, 화성이 됩니다. 암석으로 된 행성이지요. 덕분에 우리의 지구에서는 철과 같은 무거운 원소들이 많은 것입니다.

화성 밖으로는 가스행성이 위치하고 태양풍에 밀려나지 않은 태양 주변에는 암석으로 된 행성이 자리합니다.

02 두 번째 이야기

지혜로운 엄마가 들려주는 과학 이야기

위대한 발명, 인간을 거인으로

◀ 문명을 발전시킨 발명들

빨래터에서 얻은 아이디어 : 종이의 발명

수메르 사람들이 만든 문자를 새긴 점토판

오래 전 옛날, 처음으로 인간의 언어를 남기고 싶은 사람들이 있었습니다. 어디에 가면 사냥감이 많다거나 누구네 집에 자신이 사냥한 것을 빌려줬다는 등의 개인적인 내용과 집단의 규칙, 예를 들어 사람들 사이에 살아가면서 무엇을 지켜야 할지, 제사를 지낼 때는 어떻게 하라든지…

처음에 그들은 이러한 내용들을 벽화에 그리거나 돌을 쪼개 새겨

넣기 시작했습니다.

하지만 얼마 지나지 않아 문제가 생겼습니다. 이사를 가거나 새로운 마을을 만들 때 자신들이 기록해 놓은 것을 옮겨 올 수 없었습니다. 그래서 그들은 쉽게 옮길 수 있는 것, 예를 들면 동물의 뼈나 나무껍질, 대나무, 점토판 같은 데에 기록하기 시작했습니다. 하지만 이 또한 기록이 많이 쌓이다 보니 무게가 많이 나갔습니다. 그래서 차츰 사람들은 좀 더 가벼운 것을 찾기 시작했습니다.

원시 동굴 벽화

동굴벽화는 호모 사피엔스 사피엔스때 부터 그려졌습니다.
여기서 네안데르탈인은 호모 사피엔스이고 크로마뇽인은 호모 사피엔스 사피엔스입니다. 따라서 최초의 동굴벽화는 크로마뇽인이 그렸습니다. 동굴벽화는 사냥이 잘되기를 기원하는 마음으로 그렸다는 군요.
대표적은 동굴벽화로 스페인의 알타미라 동굴벽화가 있습니다.

그러던 중 이들이 만들어낸 것이 바로 약 4천 년 전에 발견한 파피루스였습니다.

파피루스는 당시 이집트의 나일 강가에 많이 자라던 갈대로 만들었습니다. 이집트인들은 이 갈대를 베어다가 껍질을 벗겨낸 다음 얇게 쪼개 서로 덧붙여 파피루스를 만들었는데, 재질이 너무 약해서 오래가지 못했습니다.

이집트 수학을 기록한 파피루스

한편 동양에서는 거북의 등껍질이나 뼛조각에 기록을 했습니다. 후한 시대에 와서 채륜이라는 고위 관리가 처음 종이라는 것을 만들었습니다. 채륜이 종이를 발명한 과정에는 재미있는 이야기가 전해집니다.

어느 날 채륜이 산책을 나갔는데 개울가를 지나게 되었답니다. 그 개울가에서 한 아낙이 솜을 물에 담가 두들겨서 빨고 있었습니다. 채륜이 이상해서 그 아낙에게 물었습니다.

"아니, 솜을 물에 담가 그렇게 빨면 다 풀어져서 못쓰게 되지 않소?"

그러자 그 아낙은 별 이상한 사람을 다 본다는 표정으로 이렇게

말했답니다.

"이 솜을 햇볕에 말리면 원래대로 돌아오니 걱정 마시구랴!"

이 말을 듣자 채륜에게 번쩍 새로운 생각이 떠올랐습니다. 그것이 무엇이냐고요? 젖은 솜을 햇빛에 말리면 원래대로 돌아오는 원리를 이용해 종이를 만들어 보자는 것이었습니다.

채륜

환관 출신으로 105년경 물 속에서 부드러워진 나무껍질, 삼거웃, 헝겊, 어망 등을 이용하여 종이를 만들어 낼 방법을 생각해낸 사람입니다. 이렇게 해서 만들어진 종이는 당시에 주로 쓰던 순수 비단보다도 값이 훨씬 싸고 만드는 재료도 풍부했을 뿐만 아니라 질도 뛰어났습니다.

집으로 돌아온 채륜은 옷감이며 나뭇가지 같은 것을 두들겨 물에 풀어놓았다가 그것을 다시 걸러 햇볕에 말려보았습니다. 이것이 바로 채륜이 만든 종이의 기원입니다.

채륜은 이 종이를 황제에게 바쳤습니다. 황제는 크게 기뻐하며 이름을 '채후지'라고 부르도록 했습니다. 이때부터 중국에서는 종이를 '채후지'로 불렀습니다.

이 기술은 전 세계로 퍼져 나가 학문을 발전시키고 역사를 기록하는 데 아주 중요한 역할을 했습니다. 물론 593년에 고구려에도 전해졌으며, 고구려는 또 일본에 이 기술을 전해줬답니다. 우리는 고대부

터 축적된 선조들의 지혜를 고스란히 물려받아 현대에 이르기까지 종이를 사용할 수 있게 된 것입니다.

　현대에 와서 컴퓨터가 발전하고 종이를 대신하는 것들이 많이 있지만 여전히 종이는 우리의 생활에 꼭 필요한 물건으로 남아 있습니다.

지구의 내비게이션, 나침반

망망한 바다 위에 떠 있는 배가 어떻게 방향을 알고 항구를 찾아 가는 걸까요? 또 깊은 산 속에서 마을이 보이지 않을 때는 어떻게 길을 찾을까요?

우리는 이런 경우에 길을 찾는 방법을 다양하게 배웠습니다. 하지만 이러한 방법들을 찾아내기 훨씬 전부터 인간은 방향을 찾는 법을 알고 있었습니다. 바로 나침반을 이용한 것입니다.

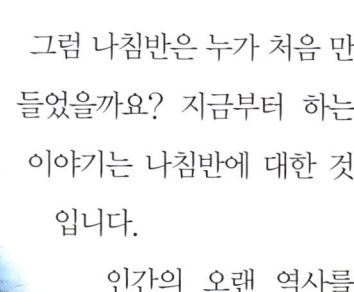

그럼 나침반은 누가 처음 만들었을까요? 지금부터 하는 이야기는 나침반에 대한 것입니다.

　인간의 오랜 역사를 통틀어 옛날 중국 사람들에 의해 발명된 나침반, 종이 그리고 화약을 최고의 발명품으로 꼽고 있습니다.

종이는 학문과 문화의 전파에 지대한 영향을 미쳤고, 화약은 무기만이 아니라 이를 응용해서 도시 문명을 세우는 데 큰 영향을 미쳤으며, 나침반은 인간의 삶의 영역을 넓히는 데 큰 역할을 하였습니다.

국자 모양의 이 나침반의 손잡이는 항상 남쪽을 가리킵니다.

이 세 가지 발명품은 거의 수천 년 동안 인류의 발전에 큰 영향을 끼쳤습니다. 대부분의 사람들이 익히 알고 있는 바와 같이 나침반은 지구가 가지고 있는 자기에 의해 자력을 띤 침은 항상 북쪽을 가리키는 성질을 이용한 것으로, 바다를 항해하거나 대륙 간의 먼 거리를 이동할 때 자신이 현재 있는 위치와 자신이 가야 할 방향을 알기 위한 필수 도구입니다.

청나라 시대 중국의 나침반

자석이 지구의 북쪽을 가리킨다는 사실은 유럽보다 중국에 먼저 알려졌습니다.

자석의 성질을 기록한 내용 중에 가장 오래된 것은 채륜이 종이를 발명한 후한(25~220)시대의 왕충이라는 사람이 쓴 《논형(論衡)》이란 책입니다.

이 책에는 '자석인침(慈石引針)' 외에 '사남(司南)의 국자'라는 기록이 나와 있습니다. 당시 자석은 따로 만들 능력이 없었기 때문에 산에서 발견한 천연 자석을 국자 모양으로 만들어 이것을 '사남의 국자'라고 불렀으며, 이 국자 모양의 자석을 탁자 위에 올려 두면 국자의 머리 부분이 남쪽을 가리킨다고 적혀 있습니다.

일반적으로 자석을 '마그네시아의 돌'이라는 뜻을 가진 '마그네트'로 부르고 있는데, 이것은 이미 기원전 1000년 이전에 발견되었습니다.

이것이 바다를 항해하거나 대륙 간의 먼 거리를 이동할 때 쓰는 나침반으로 발전하게 된 것은 중국인들의 노력에 의해서였습니다.

나침반은 특히 14세기 이후 서양의 함선들이 바다 건너 미지의 세계를 항해하는 데 큰 도움을 주었습니다.

그 이전까지만 해도 바다로 나가 자신이 출발했던 항구로 되돌아올 방법을 몰랐기 때문에 먼 바다로 항해하는 것은 꿈도 꿀 수 없

콜럼버스가 아메리카 대륙을 발견할 수 있었던 것은 나침반이 있었기 때문입니다.

었습니다.

아메리카 대륙을 발견한 것도 나침반을 이용하여 장거리 항해가 가능해졌기 때문입니다.

그리고 유럽의 열강들이 아시아나 남아메리카로 식민지 개척을 떠날 수 있었던 것도 나침반이 있었기 때문이었습니다.

아마도 고대 중국인들이 '마그네시아의 돌'을 그저 신기한 돌로만 여겼다면 오늘날과 같은 문명 확산은 이루어지지 않았거나 많이 늦어졌을 것입니다.

오늘날에는 대부분의 배들이 GPS, 즉 위성항법장치를 장착하고 있으나, 그것이 말을 듣지 않을 경우 여전히 나침반이 커다란 위력을 발휘하고 있습니다.

실수에서 위대한 발명이 탄생하다

인쇄술이 발명되기 전까지만 해도 유럽에서는 성경책 한 권의 값이 집 한 채 값과 맞먹었습니다. 그럴 수밖에 없었던 것이 당시 필기사란 직업을 가진 사람들이 손으로 일일이 베껴서 책 한 권을 완성했기 때문입니다. 성경책은 신부들

르네상스

14세기~16세기에, 이탈리아를 중심으로 하여 유럽 여러 나라에서 일어난 인간성 해방을 위한 문화 혁신 운동. 도시의 발달과 상업 자본의 형성을 배경으로 하여 개성·합리성·현세적 욕구를 추구하는 반(反)중세적 정신 운동을 일으켰으며, 문학·미술·건축·자연 과학 등 여러 방면에 걸쳐 유럽 문화의 근대화에 사상적 원류가 되었습니다.

종교개혁

16세기에 유럽에서 로마 가톨릭교회에 반대하여 일어난 개혁 운동. 1517년에 루터가 95개조 반박문을 제시하여 면죄부 판매를 공격한 데서 비롯하였는데, 개인의 신앙과 성서 해석의 중요성을 강조하였고, 그 결과 프로테스탄트 교회가 성립되었습니다.

종교개혁을 주도한 루터

이나 부자만이 가질 수 있었습니다. 좀 더 많은 책을 만들어 일반 사람들까지 볼 수 있게 하기 위한 고민이 시작되었습니다.

때마침 시대의 분위기도 르네상스라는 큰 흐름이 있었고, 종교 개혁이 한창이었기 때문에 많은 사람들이 성경을 집에 두고 싶어 하는 분위기가 확산되었지요.

이러한 흐름 속에 필사가 아닌 판을 만들어 성경을 찍어내고자 하는 시도가 독일의 라인 강변에 위치한 마인츠 마을에서 처음 시작되었습니다.

이 마을의 금은세공사였던 구텐베르크라는 사람이 《가난한 자의 성서》라는 40쪽짜리 책을 나무 목판에 새긴 다음 종이에 찍어 사람들에게 팔기 시작했습니다. 이 40쪽짜리 책이 나오는 데만도 서너 달의 시간이 걸렸다고 합니다.

그 이후 구텐베르크는 더욱 욕심을

인쇄술을 발명한 독일의 쿠텐베르크   구켄베르크의 인쇄 기계로 찍은 성경

내어 성경책 한 권을 통째로 목판인쇄하기로 마음먹었습니다. 하지만 당시 성경책 한 권의 분량은 천 쪽이 훨씬 넘는 분량이었고, 이것을 전부 목판으로 새기는 데 삼십 년 이상의 시간이 필요했습니다. 또한 그만큼 비용도 엄청나게 들 것이 분명했습니다. 하지만 구텐베르크는 그런 것에는 아랑곳하지 않고 작업에 착수했습니다.

  작업을 하던 어느 날 목판 하나가 거의 완성되어 갈 즈음에 구텐베르크는 글자를 하나씩 옮기다가 실수로 틀리게 글자를 새기고 말았습니다. 글자 하나 때문에 목판을 처음부터 다시 새겨야만 했습니다.

  이때 상심해 있던 그에게 새로운 아이디어가 떠올랐습니다.

'수십 개의 글자를 하나의 목판에 새기지 말고 글자 하나하나씩을 떼어서 조각한 다음 이것들을 조합해 책을 찍는다면 어떨까? 그럼 똑같은 글자를 몇 번씩이나 반복해서 새길 필요도 없잖아!'

하지만 또 다른 문제가 있었습니다. 나무로 된 활자는 책 몇 권을 인쇄하고 나면 다 닳아서 더 이상 쓸 수가 없었습니다. 그래서 그는 자신의 직업을 살려 금속으로 활자를 만들기 시작했습니다. 이것이 바로 유럽에서 태동한 금속활자의 시작이었습니다.

그 이후 구텐베르크의 금속활자 덕분에 책을 대량으로 찍을 수 있게 되었습니다.

금속활자로 만들어진 책은 유럽 전역으로 급속히 퍼져 나갔고, 이로 인해 학문의 발전이나 사상의 전파가 활발해져 새로운 세계로 나아가는 데 큰 역할을 했답니다.

하지만 애석하게도 구텐베르크는 시력을 잃게 되어 자신이 수십 년에 걸쳐 열정을 쏟아 부어 만든 금속활자로 인쇄된 성경을 볼 수 없었다고 합니다.

구텐베르크의 금속활자가 세계 최초는 아니었습니다. 바로 우리나라에서 구텐베르크의 금속활자보

직지심경

금속 활자는 납이나 구리 따위의 금속으로 만든 활자로, 활판 인쇄에 쓰입니다. 세계에서 가장 오래 된 금속 활자본은 '직지' 입니다. 직지는 고려 시대에 백운 스님이 부처님과 유명한 스님들이 하신 말씀 가운데에서 중요한 내용을 간추려 두 권으로 엮어 낸 책입니다. 이 책을 1377년에 백운 스님의 제자인 석찬과 달잠 스님이 청주 흥덕사에서 금속 활자로 간행했습니다.

직지를 찍어낸 흥국사지

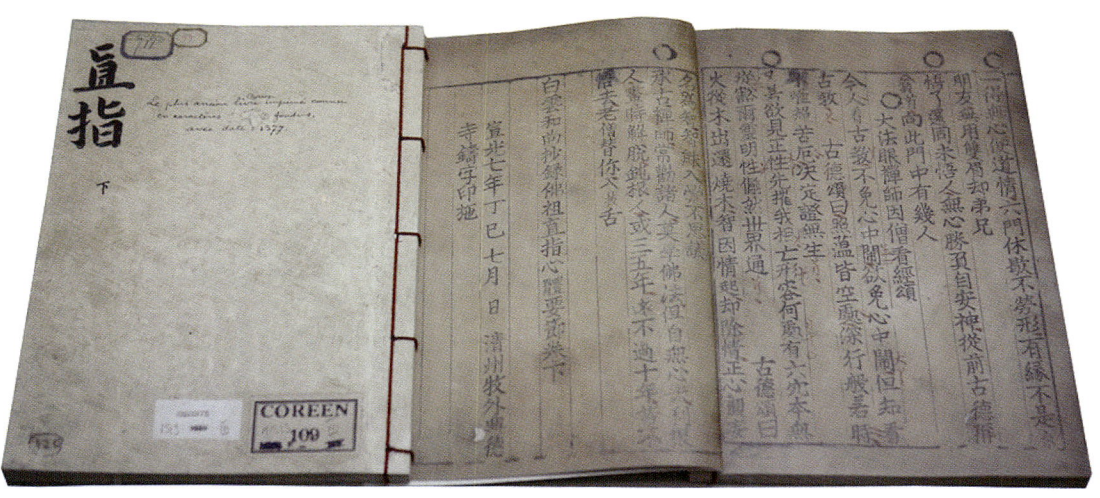

다 200년이나 앞선 1377년, 《직지심경》이라는 책을 금속활자로 인쇄했답니다. 우리의 금속활자는 유럽의 금속활자처럼 당시 사회에 큰 영향을 미치지는 못했습니다. 그래서 구텐베르크의 활자를 더 중요하게 다루고 있는지도 모릅니다.

인간에게 날개를 달다

하늘을 자유자재로 날아다니는 것은 고대의 신화나 설화에서 찾아볼 수 있듯이 인류의 오랜 꿈이자 숙원이었습니다. 그리스 신화에도 다이달로스라는 발명가와 그의 아들 이카로스가 깃털과 밀랍으로 만든 날개로 하늘을 날았다는 이야기가 나옵니다. 이카로스는 태양에 너무 가까이 가서 밀랍이 녹아 바다에 빠져 죽고 말았습니다.

1500년경에는 이탈리아의 화가이자 발명가인 레오나르도 다 빈치가 새처럼 날개를 퍼덕여서 날 수 있는 비행기를 설계했습니다.

하지만 1680년, 이탈리아의 수학자 조반니 보렐리는 인간의 근

레오나르도 다빈치

이탈리아의 화가이자 건축가, 조각가입니다. 그는 피렌체에서 태어나 그곳에서 화가 등 여러 경력을 쌓은 후, 프랑스 왕조에 6년간 초빙되어 갔습니다. 그가 그린 그림으로는 〈암굴의 성모〉, 〈성모자〉, 〈모나리자〉, 〈최후의 만찬〉 등이 있으며, 자연 과학에도 관심을 보여 해부학·새의 비행 연구를 통해 하늘을 날기 위한 여러 발명품을 제안하기도 했습니다. 그의 작품은 예술과 과학에 대한 일기나 스케치로 남겼습니다.

이카로스의 죽음을 표현한 그림입니다

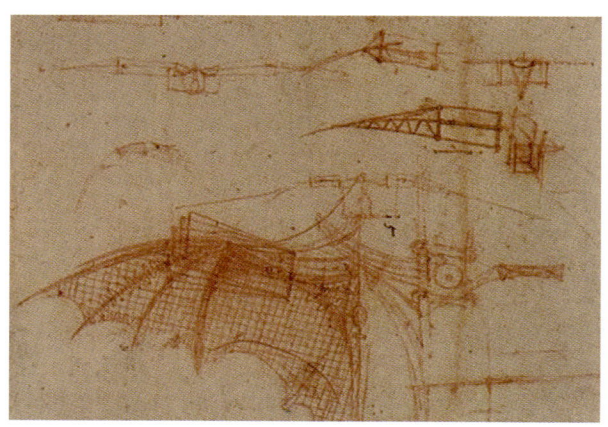

레오나르도 다빈치가 그린 하늘을 나는 기계와 스케치에 따라 제작한 모형

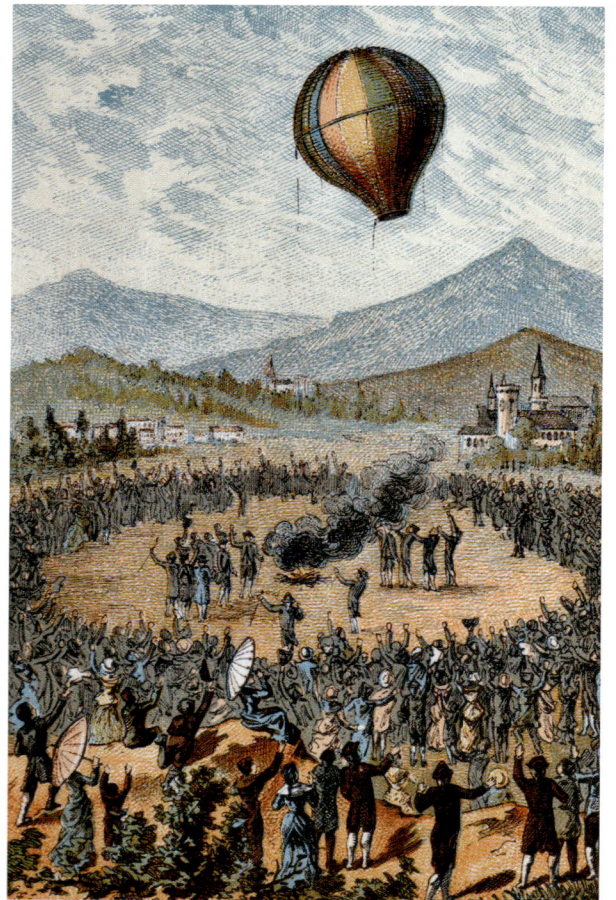

몽골피에 형제가 발명한 최초의 열기구

육은 너무 약해서 인간의 무게가 공중에 뜰 만큼 큰 날개를 움직일 수 없다는 사실을 증명했답니다.

이러한 꿈을 최초로 실현한 것은 1783년 프랑스의 몽골피에 형제에 의해 발명된 뜨거운 공기를 이용하는 기구(balloon)였습니다. 그러나 기구는 마음먹은 대로 방향을 바꾸기가 힘들고 속도가 느린 점 등 한계를 갖고 있었습니다.

이 때문에 19세기의 발명가와 과학자들은 공기보다 무거운 탈것을 이용해 하늘을 나는 문제를 해결하기 위해 노력했습니다. 그러나 단순한 상상의 수준을 넘어 '조종이 가능한 동력 비행기'를 실제로 만드는 데는 숱한 어려움이 도사리고 있었습니다.

조지 케일리, 오토 릴리엔탈, 클레멘트 에이더, 새뮤얼 랭글리 등 많은 발명가들이 이에 도전했으나 성공하지 못했고, 이 중 몇몇은 비행 사고로 목숨을 잃기도 했습니다.

결국 이 문제를 해결한 것은 미국의 월버 라이트(1867~1912)와 오빌 라이트(1871~1948) 형제였습니다.

독일의 발명가인 오토 릴리엔탈의 실험 기사를 읽고 비행에 관

라이트형제

라이트 형제는 1903년 최초의 동력 비행기를 완성시켜 '플라이어 1호'라고 이름붙였습니다.
1903년 형이 최초의 시험 비행을 하였으나 실패하고, 그후 3일 뒤 동생이 첫 번째의 비행에서 36m를 날아 공중에 12초 동안 머무름으로써, 인류 최초의 동력 비행에 성공했습니다. 그들은 그 날 40회의 시험 비행에 성공하였는데, 마지막으로 형 월버는 260m를 59초 동안 날았습니다. 그 뒤, 비행기 개발에 더욱 노력하여 특허를 얻은 후 1908년 유럽 여러 나라를 순회하며 비행을 공개하고 큰 인기를 얻었습니다. 이듬해 그들은 아메리칸 라이트 비행기 회사를 세워 사장이 되었으며, 그로부터 지금까지 비행기 제작은 눈부신 발전을 거듭해 왔습니다.

최초의 시험 비행에 성공하는 라이트 형제

심을 갖게 된 이들은 1896년부터 본격적으로 연구를 시작했는데, 이들에게 주어진 과제는 비행기를 안정되게 조종할 수 있는 방법을 개발하는 것과 글라이더에 엔진을 달아 동력 비행기를 만드는 것 두 가지였습니다.

이들은 먼저 날개의 모양을 변형시켜 비행기의 방향을 바꾸는 방법을 발명하였고, 글라이더 실험을 통해 이를 개량하였습니다. 이어서 그들은 증기 기관 대신 내연 기관을 이용해 글라이더에 달 수 있는 12마력급의 발동기를 만드는 데 성공했습니다.

마침내 1903년 12월 17일, 노스캐롤라이나 주 키티 호크에서 사상 최초의 성공적인 동력 비행이 이루어졌습니다.

체공 시간이 불과 59초에 그쳤고 지켜봐 주는 사람도 거의 없는 실험이었지만, 라이트 형제의 비행은 이후 항공 시대를 여는 첫걸음이 되었습니다.

라이트 형제의 발명은 곧 유럽으로 전해져 큰 주목을 끌었답니다. 특히 1909년에 프랑스의 루이 블레리오가 자신이 직접 만든 비행기로 영국해협 횡단을 성공한 것이 계기가 되어 관심이 폭발적으로 증가하게 되자, 곧이어 승객과 화물을 실어나르는 상용 비행기가 생겨났습니다. 이로써 본격적인 항공 시대가 열리고 이제 인간은 멀리 우주로까지 영역을 확장하고 있습니다.

루이 블레리오

1909년 루이 블레리오는 날개가 하나인 단엽 비행기 블레리오 11호를 타고 프랑스를 떠난지 37분 만에 최초로 영국 해협을 건너 영국땅에 도착했습니다. 루이 블레리오가 영국 해협을 건너기까지의 과정은 순탄치 않았습니다. 루이 블레리오는 1호 '블레리오 앵'에서 11호 '블레리오 옹즈' 까지 그는 많은 시간동안 새로운 비행기를 개발하고, 타보고 또 새로이 보완하면서 비행기가 부서지는 것은 물론이고 부상까지 당하지만 포기하지 않았습니다.
그의 노력은 마침내 영국 해협 최초 횡단이라는 결과를 가져왔습니다.

최초로 비행기를 만들어 하늘을 나는 라이트 형제

비행기는 어떻게 하늘을 날까?

우리가 타는 비행기는 라이트 형제가 처음 만들었답니다. 그들이 처음 만든 비행기는 '플레이어 1호'라는 것으로 사람들은 모두 "저렇게 무거운 기계가 과연 하늘을 날 수 있을까?"하고 의심했습니다. 하지만 비행은 멋지게 성공했지요. 그때의 그 기분은 아마 다이달로스가 하늘을 처음 날 때와 같았을 것입니다.

그럼 비행기는 어떤 원리로 하늘을 날 수 있는 것일까요?
비행기가 하늘을 나는 것은 상승하는 힘을 만들어 비행기의 무게, 다시말해 중력의 잡아당기는 힘을 극복하고 자신을 앞으로 밀어낼 수 있는 추진력을 만들 수 있기 때문이랍니다.

우리는 공을 차거나 물건을 공중으로 던지면 올라가다가 어느 순간부터 땅으로 다시 떨어지게 됩니다. 이런 현상은 처음엔 위로 향하는 힘이 컸다가 다시 아래로 떨어지는 힘이 커지기 때문입니다. 이때 공중으로 올라가다가 다시 내려오려고 하는 그 지점은 위로 향하는 힘과 아래로 내려가는 힘이 균형을 이루는 곳입니다.

비행기도 이러한 위로 향하는 힘과 아래로 내려가는 힘의 영향을 모두 받습니다. 비행기가 앞으로 나아갈 때, 날개와 공기가 부딪쳐 비행기는 위로 향하는 힘을 얻게 되고 이 힘은 아래로 떨어지려는 힘과 균형을 이루게 되 공중에 떠 있을 수 있는 것입니다.

모든 비행 물체에는 공중을 나는 물체의 움직임을 지배하는 원리가 적용됩니다. 그 원리는 비행기에 작용하

는 네 가지 힘(양력 추력, 항력, 중력)이 그것입니다.

    그럼 먼저 양력이란 무엇일까요? 비행기가 하늘을 날아가는 동안 그와 똑같은 속도의 바람이 비행기의 여러 부분에 부딪히게 되면 이 바람은 비행기 날개의 위와 아래로 갈라져 흐르게 됩니다. 그런데 비행기의 날개는 아랫면보다 윗면이 더 많이 굽어 있어 윗면을 흐르는 공기는 아랫면을 흐르는 공기보다 더 빠르게 흐르게 된답니다. 그러면 날개 윗면을 지나는 공기의 압력은 작아지고, 아랫면을 지나는 공기의 압력은 커지게 됩니다. 따라서 자연스럽게 위에서 내리는 힘보다 아래에서 위로 밀어주는 힘이 더 크게 작용하는데, 아랫면의 이 힘을 양력이라고 합니다. 그 힘으로 비행기는 아래로 떨어지지 않고 계속 비행할 수 있는 것입니다.

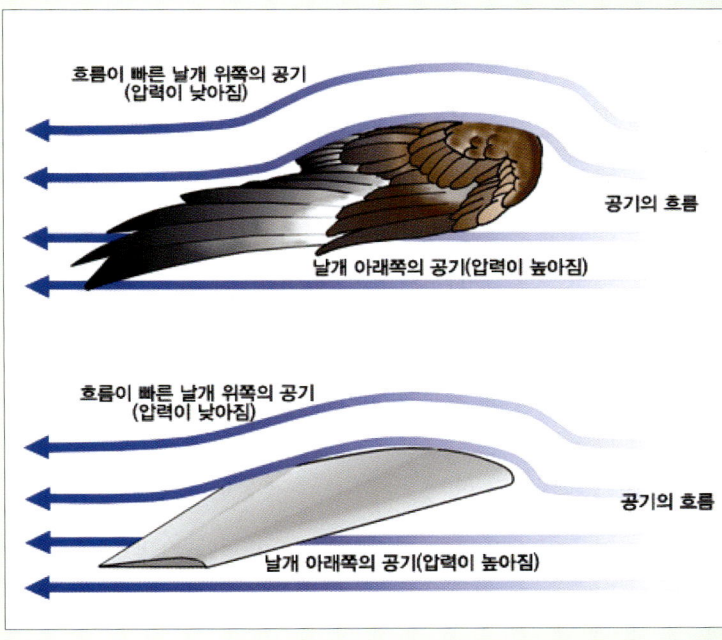

    그럼 항력은 무엇일까요?

    비행기는 공기의 저항으로 인해 운동 방향과 반대쪽으로 힘을 받는데, 이 힘을 항력이라고 합니다. 그리고 항력은 비행기가 빠를수록 더 커진답니다. 그래서 대형 여객기와 같은 큰 비행기를 만들 때 큰 문제가 된답니다. 비행 속도가 빨라지는 것에 비해 항력이 너무 크게 증가하기 때문이지요. 그래서 이러한 항력을 줄이기 위해 비행기의 모양을 부드러운 유선형으로 만들게 됩니다.

    그리고 날개 아래의 프로펠러는 우리가 나사못을 박을 때 나사가 작은 힘으로도 나무를 파고 들어갈 수 있는 것처럼 공기를 파고 들어가 앞으로 나아가는 추진력을 갖게 되는 것입니다. 그것을 우리는 추력이라고 부르고 있습니다.

지혜로운 엄마가 들려주는 과학 이야기

신이 주신 선물, 지구의 신비를 찾아서

◀ 지구의 비밀

땅과 하늘의 운동법칙을 말하다

우리 주변에는 여러 가지 힘이 존재합니다. 그 힘이 없다면 우리는 어떠한 일도 할 수 없을 것입니다. 눈에는 보이지 않지만 우리는 그 힘의 영향을 받으며 살고 있습니다. 우리가 학교에서 배우는 힘의 성질에 대한 것들은 사실 작은 사건이나 상황을 보고 남들과는 다른 생각을 하면서 알게 된 것입니다.

야구나 축구를 하면서 공을 높이 날리면 하늘을 향해 떠오른 공이 다시 땅으로 떨어지는 것을 볼 수 있습니다. 그리고 나무의 과일이 다 익어 무거워지면 땅으로 떨어지는 것을 볼 수 있습니다. 우리는 이런 현상을 보고 무슨 생각을 할까요?

아마 대부분 단순한 자연 현상이라고 생각할 것입니다. 하지만 이것을 보고 그 누구도 생각지 못한 위대한 발견을 한 사람이 있습니다. 바로 아이작 뉴턴입니다.

인류 역사상 가장 유명한 과학자의 한 사람이라고 할 수 있는 아이작 뉴턴(Isaac Newton, 1642-1727)이 나무에서 떨어지는 사과 하나를 보고 정립한 힘에 대한 이론 체계는 아인슈타인이 등장하여 새로운 이론을 발표하기까지 수백 년 동안 우리의 시간과 공간에 대한 개념을 장악했습니다.

흔히 고전역학이라고 불리는 이 이론은 뉴턴의 힘에 관한 세 가지 법칙과 만유인력의 법칙으로 이루어져 있습니다. 그의 이론은 그동안 학자들이 궁금해하거나 해결하지 못한 과제들을 이해하고 발전시키는 데 큰 역할을 했습니다.

아이작 뉴턴

특히 뉴턴은 자신의 이론을 통해 케플러가 제시한 중요한 이론 중 하나인 태양을 중심으로 지구를 비롯한 여러 행성들이 타원 모양의 길을 따라 공전하는 행성의 타원 궤도 운동을 수학적으로 완벽하게 설명했습니다.

뉴턴이 만유인력을 발견했다는 사과나무

만유인력을 중심으로 한 그의 역학에 관한 이론 체계는 1687년에 출간된 《자연철학의 수학적 원리》에서 누구나 이해할 수 있도록 체계적으로 소개되었는데, 이 책은 진화론으로 유명한 찰스 다윈이 쓴 《종의 기원》과 함께 인류 역사상 가장 중요한 과학책이 되었습니다.

갈릴레이

이탈리아 르네상스 말기의 과학자로 물체의 낙하 속도가 무게에 비례한다는 아리스토텔레스의 잘못을 증명한 것으로 유명합니다. 1609년에 망원경을 제작해 달의 산·계곡 및 태양의 흑점, 목성의 위성 따위를 발견하였으며, 지동설을 주장하여 교황청으로부터 종교 재판을 받기도 했습니다.

우리는 16세기에서 17세기에 걸쳐 비약적으로 발전된 과학의 혁명적인 변화를 두고 흔히 '과학혁명'이라 부르고 있습니다.

뉴턴은 이러한 '과학혁명'에서 가장 중요한 자리를 차지하였는데, 그의 이론이 등장하면서 코페르니쿠스가 주장한 지동설이 완벽하게 설명되었습니다.

또한 갈릴레오부터 논의되어 온 우주를 지배하는 힘에 대한 이론적인 혁명에 마침표를 찍는 것이었습니다.

이러한 뉴턴의 연구 업적들은 이후 호이겐스나 라플라스 등에 의해 더욱 다듬어지게 되었고, 이후 모든 물리과학(physical science)의 기본이 되었답니다.

나아가 고전역학은 특정한 초기 조건과 물체의 운동을 나타낼 수 있는 공식이 있으면 세상에서 일어나는 모든 일을 정확하게 예측할 수 있다는 믿음을 심어 주었습니다. 이러한 믿음은 20세기에 들어와 양자역학이 성립되면서 상당히 퇴색되었지만, 일상적인 우리의 삶에서는 여전히 큰 영향을 미치고 있습니다.

지구는 둥글다

고대 그리스 사람들은 자신들의 눈으로 본 세계가 전부라고 생각했습니다. 또한 바다의 끝은 낭떠러지 폭포일 것이라고 생각했습니다. 이때까지만 해도 땅은 평평하여 배를 타고 바다로 나가 수평선까지 나가면 그 폭포 아래로 떨어져 다시는 돌아올 수 없다고 생각했습니다.

하지만 과학이 발달하면서 지구가 둥글다는 것을 알게 된 사

람들은 더 이상 두려워하지 않고 바다로 여행을 떠났습니다.

그리고 이전에는 한 번도 경험해 본 적 없는 새로운 세계를 접하게 되었습니다. 그들의 눈에 비친 세계는 경이로움 그 자체였습니다.

그런 세계를 보고 온 사람들은 자신의 경험을 글로 써서 알리기도 하고 말로 퍼뜨리기도 했습니다. 그들의 말은 살이 붙고 과장되면서 다른 사람들의 귀에 들어갈 즈음에는 이미 신화에서나 존재하는 이상향으로 포장되기도 했습니다.

그중 하나가 인도에 대한 이야기였습니다. 사람들은 인도를 황금으로 가득 찬 환상의 나라로 기억하게 되었고 멀고 먼 인도를 향해 여행을 떠났습니다.

그 땅을 찾아 떠난 사람들 중 스페인 왕실 소유 탐사대의 여행은 인류 역사에서 아주 중요한 사건이었습니다.

탐사대는 황금을 찾아 돌아오겠다는 약속을 하고 왕실의 후원으로 인도를 찾아 긴 여행을 떠났습니다. 마침내 1492년 10월 12일 벌거벗은 야만인들이 사는 어느 해변에 도착하였습니다.

크리스토퍼 콜럼버스

탐사대의 대장인 콜럼버스(Columbus, 1451~1506)는 이 땅을 '구원의 성자'란 이름의 '산살바도르'라고 불렀습니다.

역사적인 이날 신대륙에 유럽인의 발자국을 최초로 찍은 것입니다. 그런데 콜럼버스는 죽는 순간까지도 이 땅을 진짜 인도 대륙이라고 믿었다고 합니다.

이 대륙의 현대식 이름은 1497년 브라질을 탐험한 아메리고 베스푸치의 항해기로 신대륙이 널리 알려진 뒤에야 비로소 아메리카라고 불리게 되었습니다.

이탈리아의 제노바에서 태어난 콜럼버스는 어릴 때부터 바다를 통한 여행에 관심이 많았습니다. 그는 10대 후반부터 아버지를 도와 지중해와 아이슬란드까지 가는 항해를 했답니다.

나중에 성인이 되어 제노바의 상선을 이끄는 선장이 된 이후로는 마르코 폴로와 프톨레마이오스 등이 쓴 책들을 탐독했습니다.

바다를 항해하는 콜럼버스

아메리카 대륙에 오른 콜럼버스

아메리고 베스푸치

아메리고 베스푸치 (1454년~1512년)는 이탈리아의 탐험가입니다.
그는 피렌체에서 태어났으며, 콜럼버스를 만나면서 탐험가의 길을 걷게 됩니다. 1499년부터 4차례 아메리카 대륙을 탐험하였는데 아메리카라는 이름도 그의 이름에서 따온 것입니다.
그는 1512년 세비야에서 말라리아로 사망했습니다.

콜럼버스의 산타마리아 호

그는 그들의 여행에 관한 이야기와 연구 기록 등을 읽고 지구가 둥글다는 믿음을 가졌습니다. 대서양 서쪽으로 항해하면 반드시 인도에 닿을 수 있을 것이라고 생각했습니다.

콜럼버스는 생각에 그치지 않고 실재 행동으로 옮겼습니다. 첫 시도는 1483년에 이루어졌습니다. 그는 자신의 꿈을 이루기 위해 포르투갈 왕에게 청원하였습니다. 하지만 몇 가지 이유로 그의 청원이 거부되었으며, 몇 년이 흐른 뒤 마침내 이웃나라인 스페인의 이사벨 여왕의 원조를 얻어내는 데 성공했습니다.

드디어 1492년 8월 3일, 산타마리아, 니냐, 핀타 세 척의 배가 인도를 향해 항해를 시작했습니다. 그러나 콜럼버스가 도착한 곳은 지금의 바하마 제도의 한 섬이었으며, 죽기 전까지 계속된 네 차례의 항해에도 불구하고 결국 그는 아메리카 대륙을 벗어나지 못했습니다.

비록 콜럼버스는 이사벨 여왕에게 선물하기로 약속한 엄청난 황금도 찾지 못하고 항해 내내 반란과 질책에 시달렸지만, 황금만큼이나 전 세계 시장을 휩쓴 담배를 처음으로 유럽에 소개했습니다. 그리고 콜럼버스가 네 차례의 항해로 개척한 서인도 항로는 이후 아메리카 대륙을 유럽인들의 새로운 진출무대로 만드는 계기가 되었답니다.

살아 움직이는 대륙

알프레드 베게너

독일의 지구물리학자이자 기상학자입니다. 원래 기상학 전문가로 기구를 사용한 고층 기상관측기술의 선구자였는데, 그가 주장했던 대륙이동설이 증명되면서 기상학보다 지질학 분야의 판이론의 선구자로 더 유명해졌습니다.
1912년에 현재 지구 표면의 형태에 관한 대륙이동설을 발표하였으며, 그 당시 대륙이동설을 증명해내지 못해 제대로 평가받지 못하고 비판만 받았습니다.
청년 시절부터 자신의 대륙이동설을 증명하기 위해 열정적으로 탐험조사를 다녔는데 1930년, 그린란드 탐험을 하고 돌아오는 길에 소식이 끊겼습니다.

대륙 이동설은 독일의 기상학자인 알프레드 베게너(Alfred Wegener, 1880~1930)가 1912년경에 제안한 가설입니다. 그가 등장하기 전까지만 해도 당시의 지질학자들은 대륙들이 안정되어 있다는 주장에 공감하고 있었습니다.

17세기에 프랜시스 베이컨을 필두로 한 대륙 안정설에 의심을 품어 온 여타 과학자들에 의해 19세기 초에 들어서서 '점진주의 가설'이 점차 우세해졌습니다.

1912년 드디어 베게너는 '대륙이동설'을 공표합니다. 지구의 대륙들이 오랜 과거에는 한 덩어리로 붙어 있다가 여러 대륙으로 분리되었다는 주장인데, 지질학자들 사이에서 큰 이슈가 되었습니다.

49

베게너

그것은 당시의 상식으로는 도저히 생각해낼 수 없는 기발한 세계상을 그리고 있습니다.

그에 의하면 아메리카 대륙과 아프리카, 유럽 대륙은 원래 하나의 거대한 대륙이었다고 합니다. 이러한 초대륙을 판게아라고 하고 북쪽을 로라시아 대륙, 남쪽을 곤드와나라고 부릅니다. 뿐만 아니라 대륙 이동설은 인도, 오스트레일리아, 남극 등의 대륙까지도 서로 연결되어 있었다고 주장하고 있습니다.

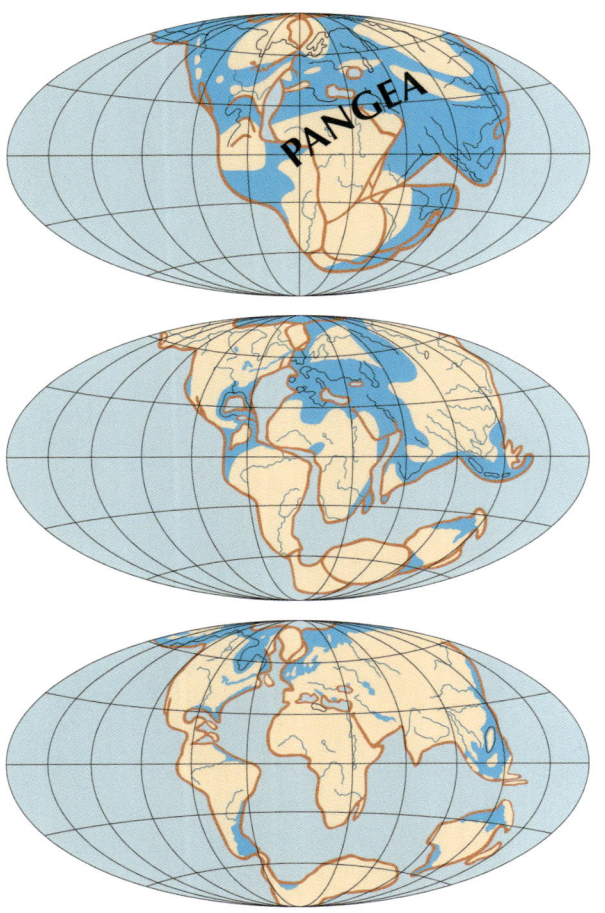

즉, 전 세계는 하나의 거대 대륙과 그것을 둘러싼 바다로 이루어져 있었지만 오랜 세월이 흐르는 동안 분열하여 현재의 세계가 만들어졌다는 것이 바로 대륙 이동설입니다.

1910년 베게너가 약혼녀에게 보낸 편지 중 '남아메리카의 동부 해안이 아프리카 서부 해안과 정확하게 들어맞지 않아? 마치 한때 붙어 있기라도 했듯이 말이야.'라는 구절에서 대륙 이동설의 첫 발상을 엿볼 수 있습니다.

이는 현재의 세계 지도를 자세히 살펴보면 쉽게 이해할 수 있습니다. 베게너는 이에 착안하여 대담하게 새로운 설을 제창한 것입니다. 마치 그림 맞추기 퍼즐과 같은 것이라고 할 수 있습니다.

그 후 1912년 베게너는 한 강의에서 대륙 이동설을 처음으로 발표하였습니다. 또한 1915년에 《대륙과 대양의 기원》이라는 책을 통해 약 200만 년 전 지구는 하나의 대륙, 즉 '판게아'라고

베게너

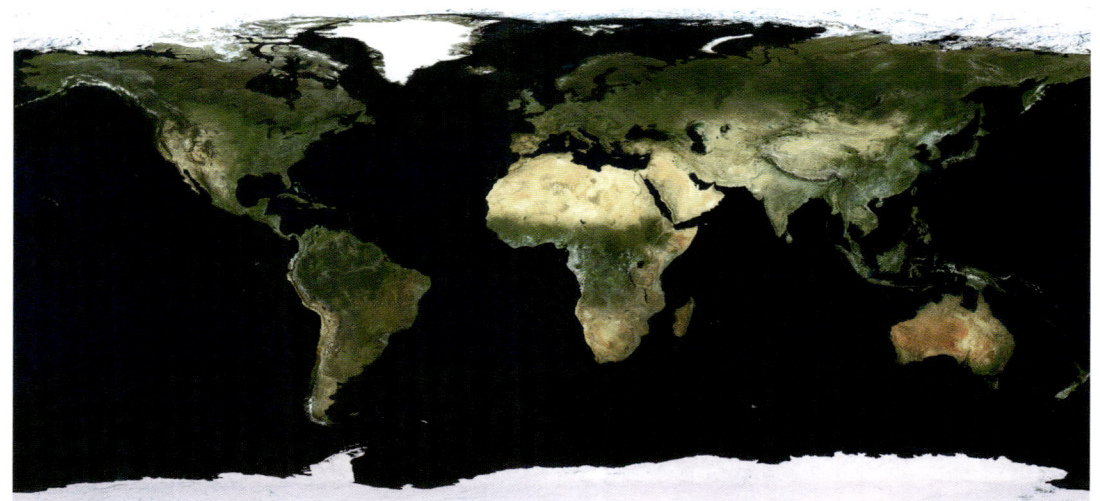

오늘날의 대륙의 모습

불리는 원시 대륙으로 이루어져 있다가 1억 년 전쯤 백악기에 대륙이 분리되기 시작하여 아메리카 대륙이 유라시아와 아프리카 대륙으로부터 분리되었으며 인도 대륙이 아프리카에서 분리되어 아시아 대륙과 합쳐졌다고 주장했습니다.

그러나 유감스럽게도 당시 그는 대륙 이동설에 대한 확실한 증거를 찾아내지 못했습니다. 남미, 아프리카 양 대륙에서 동일한 종류의 고대 생물의 화석이 발견되었다는 것 등으로 대륙이 연결되어 있던 증거라고 주장했지만 그것도 결국은 결정적인 것이 되지 못하고 흐지부지 끝나고 말았습니다.

대륙 이동설은 1920년대 말까

고지자기학

과거의 지구의 자기를 연구하기 위해서는 암석이 지닌 자기적 성질을 이용합니다.
예를 들면, 마그마가 냉각되어 암석으로 굳어질 때, 암석 속에 포함된 자철석과 같은 자성을 띠는 광물들은 그 당시의 지구 자기장 방향으로 향하게 되는데 이를 자기 화석이라고 합니다.
따라서 어떤 화석암석의 자성을 측정하면 마그마가 냉각될 당시의 지자기 방향을 정확하게 기록하여 제공해 주게 됩니다. 이러한 연구 분야를 고지자기학이라고 합니다.

지 활발하게 논의되었지만 그 후 1930년대에는 거의 잊혀졌다가 고지자기학(古地磁氣學) 덕분에 1950년대 말에 새롭게 되살아나 오늘에 이르고 있습니다.

성경을 의심한 코페르니쿠스

16세기 중반까지만 해도 지구를 중심으로 태양과 행성들이 돌고 있다고 생각했답니다. '용사가 겨루듯

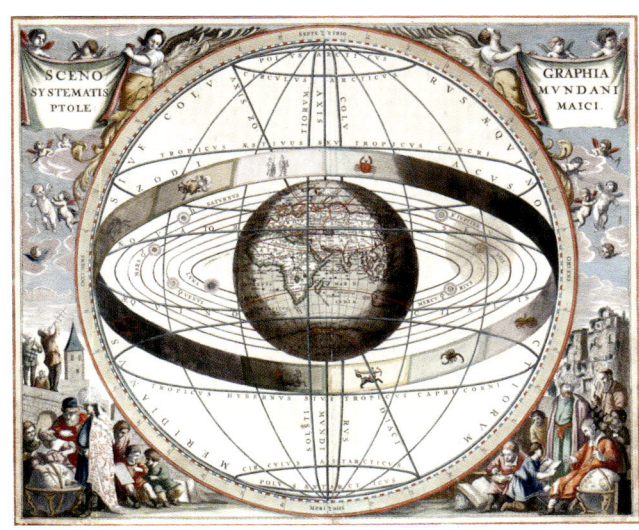

프톨레마이오스가 주장한 우주의 모형

이 태양이 기쁘게 달린다'라는 성경에 기록된 말을 굳건히 믿고 있던 사람들은 그에 대해 한 치도 의심하지 않았습니다.

코페르니쿠스란 사람이 등장하여 이것을 정면으로 부인하기 전까지는 프톨레마이오스의 《알마게스트》란 책이 천문학 분야에서는 교과서나 다름없었습니다.

53

프톨레마이오스

AD 127~145년에 알렉산드리아에서 활동한 고대 그리스의 천문학자·지리학자·수학자로 알려져 있습니다. 그는 지구가 우주의 중심이라고 생각했으며 그의 생애는 거의 알려져 있지 않습니다. 그의 우주관은 1500년 을 지속하다 코페르니쿠스와 케플러, 갈릴레이에 의해 잘못된 이론임이 증명되었습니다.

코페르니쿠스가 살던 시대는 종교적인 영향력이 매우 크게 작용했습니다. 어느 날 코페르니쿠스는 자신이 믿고 있던 태양중심설에서 납득할 수 없는 몇 가지를 발견했습니다. 그는 이것을 알아내려고 노력했으나 허사였습니다.

그러다가 그는 지구를 중심으로 태양이 도는 것이 아니라 태양을 중심으로 지구가 도는 것은 아닐까 하고 생각하기 시작했습니다. 그러자 그동안 풀리지 않던 고민들이 하나둘씩 풀리기 시작했습니다.

예를 들어 지구보다 태양으로부터 멀리 떨어져 있는 화성이나 목성이 지구처럼 태양을 중심으로 돈다면 공전주기도 그만큼 길 것이라는 사실을 통해 새로운 상상을 해보았습니다.

공전주기가 짧은 지구가 화성이나 목성과 함께 태양 주위를 돌다가 이들을 앞지르게 되면 화성과 목성은 지구로부터 멀어지는 것처럼 보일 것입니다.

하지만 지구중심설에서는 이것을 설명하기 위해 너무도 복잡한 이론을 끌어들여야 했습니다. 그러다 보니 행성과 행성의 운동을 설명할 때는 이론적으로 부합되지 않을 때가 많았지요.

사실 프톨레마이오스는 지구중심설을 유지하기 위해 모든 천체

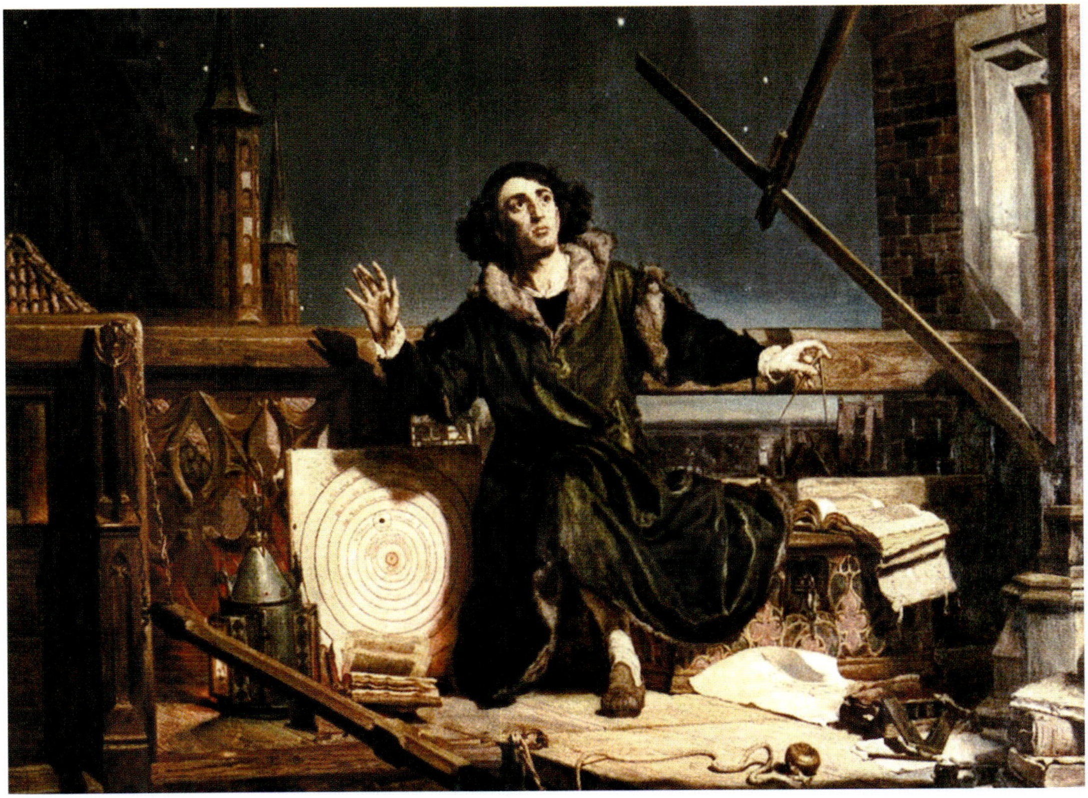

코페르니쿠스(1473~1543)

폴란드의 천문학자로 이탈리아의 볼로냐 대학에서 그리스 천문학을 공부한 뒤 귀국하여 태양을 중심으로 하는 행성계의 이론을 구축하였다. 우주의 중심은 지구가 아닌 태양이고, 별들의 일주운동은 지구의 자전 때문이며, 지구도 다른 행성들처럼 태양의 둘레를 원궤도로 공전한다고 주장하였다.
1525~1530년 사이에 지동설을 주장한 《천체의 회전에 관하여 (De Revolutionibus Orbium Coelestium)》를 집필하였으나 종교상의 이유로 출판하기를 꺼리다가 1543년 그가 임종하던 해에 출판되어 근대과학의 기초를 마련하였다.

코페르니쿠스

들의 움직임을 그에 맞춰 설명하는 바람에 새로운 의문을 계속 낳을 수밖에 없었고, 그 이후에도 많은 천문학자들은 그의 이론을 보강하기 위해 계속 잘못된 길로 접어들게 되었습니다.

이러한 시기에 코페르니쿠스는 《천체의 회전에 대하여》란 책을 내놓았습니다. 물론 처음 그가 이 책을 발표했을 때는 무수히 많은 반대에 부딪혔습니다.

종교계는 그를 사탄이나 이단으로 몰아붙이며 심하게 비난하였죠. 그는 자신의 의지를 굽히지 않았습니다. 다만 그 이론을 공식적으로 발표하지 않고 친한 친구 몇 사람에게만 알렸다고 합니다.

이후 많은 사람들이 태양중심설과 지구중심설을 놓고 논쟁을 벌였습니다. 그러다가 하늘을 관찰할 수 있는 장비가 발전하고 케플러나 갈릴레이, 뉴턴과 같은 뛰어난 과학자들이 등장하면서 그의 주장이 맞다는 것이 증명되었습니다.

지금은 이것을 의심하는 사람이 아무도 없습니다. 이 모든 것은 우리가 알고 있는 것을 다르게 생각해보는 데서 출발한 것입니다.

'코페르니쿠스적인 사고의 전환'이란 말을 들어보셨지요? 혁명적이라고 할 만큼 커다란 변화을 가져온 사고를 뜻합니다. 수천 년 동안 우주의 중심이 지구라고 믿어왔던 사람들이 순식간에 생각을 뒤집어 태양 중심의 사고로 바꿔야했으니 얼마나 큰 충격이었겠어요.

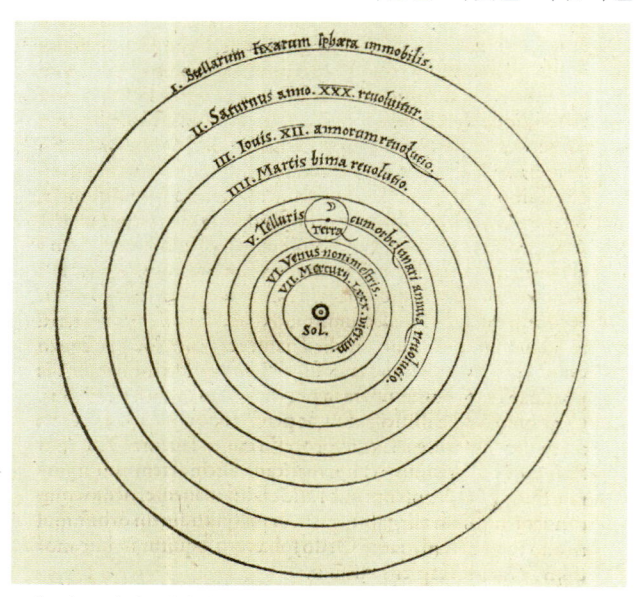

코페르니쿠스의 지동설에 따른 행성의 배치

중력이 없는 우주에서의 무게는?

　무중력 공간에서는 무게가 사라지므로 모든 물체가 가벼워진다고 생각하는 사람들이 많은데, 그건 사실이 아닙니다.
　물체들이 둥둥 뜨기 때문에 무게가 없는 것처럼 보일 뿐이지, 질량이라는 무게의 원천은 고스란히 남아 있습니다.
　원래 무거운 물건은 우주에서도 마찬가지로 움직이기 힘듭니다. 이것은 관성이라는 현상이 있기 때문입니다. 이런 관성 현상은 놀이터에서도 쉽게 체험할 수 있습니다. 예를 들어 어린 아이가 탄 그네와 어른이 탄 그네를 미는 힘에는 분명히 차이가 있습니다. 마찬가지로 무중력 공간에서도 무게의 원천인 질량이 가지는 관성은 남아 있습니다.
　무중력 공간에서 자기를 향해 둥둥 떠오는 탁구공은 쉽게 잡을 수 있지만, 쌀가마니는 잡기 힘들어 같이 둥둥 떠가게 됩니다.

롤러코스터는 중력에 대항해 어떻게 멈출까?

놀이공원에 가면 누구나 타보고 싶은 것들이 있지요?
바이킹, 범퍼카, 자이로드롭, 그리고 롤로코스터도 빼놓지 않을 것입니다. 그런데 롤로코스터를 타다보면 궁금한 것이 하나 있답니다. 학교에서 배운 에너지보존법칙에 따르면 롤로코스터는 멈추지 않아야 합니다. 그것은 처음 떨어질 때의 위치에너지를 계속 보존해야하기 때문이지요. 뉴턴이 말하길 이렇게 달리는 물체는 계속 달리려는 성질인 관성이 있다고 했거든요.

롤러코스터가 출발해 점점 속도가 느려지면서 결국은 0이 되어 처음 출발한 장소로 돌아오는 것은 무엇때문일까요? 바로 마찰력이랍니다. 이 마찰력이 롤러코스터가 계속해서 나아가려는 것을 방해하기 때문이지요.

그럼 마찰력이란 무엇일까요? 우리가 얼마전 동계 올림픽을 보면서 선수들이 금메달을 따길 기원하면서 응원했지요. TV에서 경기를 보다보면 얼음 위에서 선수들은 미끄러지듯 나아가는 것을 알 수 있습니다. 큰 힘을 주지 않는데도 말이죠. 이것은 그만큼 마찰력이 작다는 것입니다. 그럼 이번엔 고무장갑을 끼고 손을 비벼보세요. 아마 맨 손으로 비빌 때보다 잘 미끄러지지 않을 거예요. 이것은 고무장갑으로 인해 마찰력이 커졌기 때문이랍니다.

자, 다시 롤로코스터 얘기로 돌아가 볼까요? 롤러코스터는 마찰력에 의해 속도가 줄었는데 그럼 그 에너지는 어디로 갔을까요? 우리가 기차가 멈출때를 생각해 보세요. 열차의 바퀴와 레일이 멈추는 순간 삐익하고 소리가 나지요? 그러면서 레일과 바퀴에는 엄청난 열이 생깁니다. 바로 이러한 열과 소리의 에너지로 전환된 것입니다.

04 네 번째 이야기

지혜로운 엄마가 들려주는 과학 이야기

신이 주신 선물, 우주의 신비를 찾아서

◀ 우주의 비밀

우주의 신비를 관찰하다

밤하늘의 별을 관찰하고, 바다를 항해하면서 먼 육지를 찾아 살펴볼 수 있게 하는 것. 망원경은 언제 누가 만들었을까요? 이번에는 망원경의 기원에 대해 알아볼까요?

우리 주변에 있는 유리 제품을 찾아볼까요? 흔하디흔하다고요? 유리로 된 병, 안경, 구슬, 창문, 돋보기 등등. 아마 그 수를 다 헤아리기도 힘이 들 것입니다.

그중 물건을 크게 확대해서 보거나 태양의 빛을 한 점으로 모을 때 쓰는 돋보기의 원리는 여

갈릴레이의 망원경

러 가지로 응용되었는데, 그 대표적인 것이 망원경입니다.

    1609년 갈릴레이는 멀리 있는 물체를 바로 앞에 있는 것처럼 확대해서 볼 수 있는 '망원경'이 네덜란드 미델부르크의 어느 안경 기술자에 의해 만들어졌다는 소문을 들었습니다.

    한스 리퍼셰라는 사람은 자신이 가진 기술로 멀리 있는 것을 가까이에 있는 것처럼 볼 수 있는 장치를 만들어 이것을 '망원경'이라 이름붙여 공식적인 발명특허권을 얻었습니다.

갈릴레오 갈릴레이

    갈릴레이는 한스 리퍼셰가 만든 장치의 원리를 이용하여 자신에게 필요한 것을 만들기 시작했습니다. 그는 렌즈를 다양하게 조합하여 실험해 보았습니다. 바다 멀리까지 볼 수 있도록 보다 선명하게 만들기 위해 렌즈의 광학적인 성질을 연구하기도 했습니다.

    마침내 그는 자신의 연구실에서 몇 가지 개량 망원경을 만드는 데 성공했습니다. 그것으로 그동안 자신이 궁금해 하던 하늘을 관찰하기 시작했습니다.

아리스토텔레스

고대 그리스의 철학자로 소요학파의 창시자이며, 고대에 있어서 최대의 학문적 체계를 세웠고, 중세의 스콜라 철학을 비롯하여 후세의 학문에 큰 영향을 주었습니다. 저서에 《형이상학》, 《오르가논》, 《자연학》, 《시학》, 《정치학》 등이 있습니다.

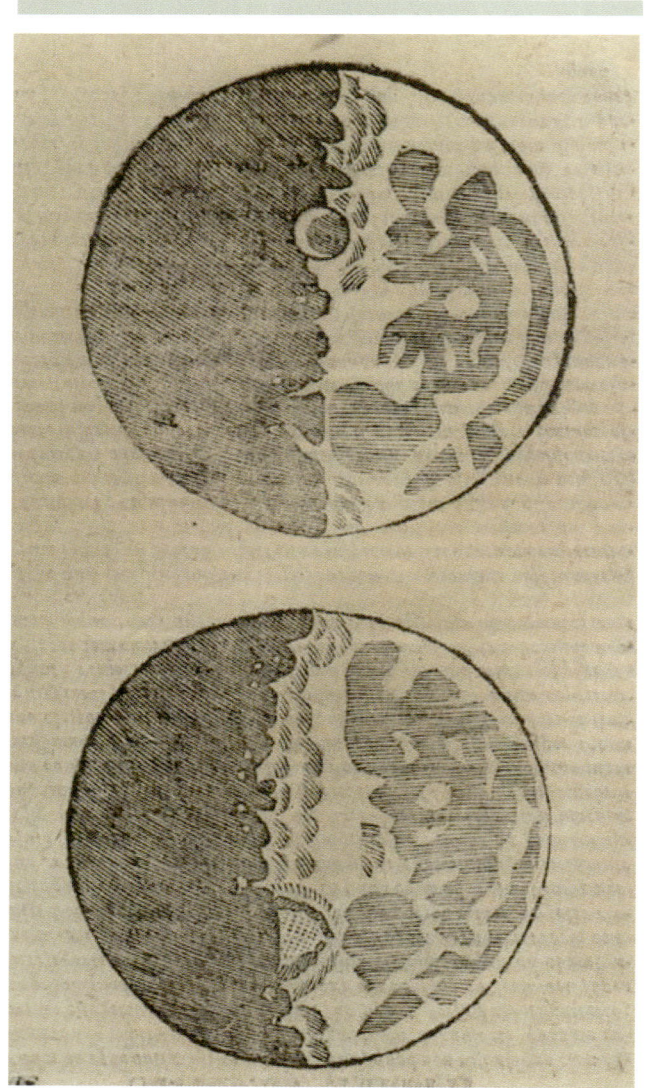

갈릴레이가 망원경으로 관찰한 달의 표면

그가 망원경으로 관찰한 천체는, 옛날부터 내려오던 전통적 아리스토텔레스주의자들이 주장한 것들과는 많은 차이가 있었습니다. 그곳은 인간이 살고 있는 지구보다 완전하거나 뛰어난 곳이 아니었습니다.

우리가 맨눈으로 보는 것과는 달리 태양 표면에는 반점들이 있었고, 매끈할 것이라고 예상했던 달에는 높은 산이 있어서 지구와 비슷했습니다.

갈릴레이는 달에 있는 언덕의 그림자 길이로 그 높이를 추산하기도 했습니다.

그리고 달이 초승달에서 보름달로 모양이 바뀌듯이 금성도 그 모양이 변하고 있다는 것을 확인했으며, 태양에서 더 멀리 떨어져 있는 목성에는 네 개의 위성이 그 주위를 돌고 있다는 것까지 알아냈습니다.

그는 그 모든 것들이 코페르니쿠

스가 주장한 행성의 움직임에 대한 규칙의 작은 축소판이라고 생각했습니다.

사실 코페르니쿠스의 학설은 16세기만 해도 널리 인정받지 못했습니다.

코페르니쿠스가 주장한 학설이 행성의 위치에 대해 프톨레마이오스의 체계보다 정확한 근거를 제시해 주는 것도 아니었고, 전통적 역학이나 당시의 종교적 입장에서 볼 때도 옳지 않다고 생각하는 사람이 대부분이었기 때문이었죠.

이후 천문학에 대한 관심이 높

목성의 위성

1610년 갈릴레오가 발견한 목성의 갈릴레오 4대 위성 중 가장 안쪽에 있는 위성은 이오입니다. 가뉘메데는 위성 가운데 셋째 위성으로 그리스 신화에 나오는 미소년 가니메데스의 이름을 딴 것인데, 목성의 위성 가운데 가장 크고 밝습니다. 칼리스토는 가니메데 그 다음으로 크기가 크고, 표면은 검은 얼음으로 덮여 있습니다. 에우로파는 그리스 신화에서 제우스의 연인들 중에 한명인 에우로파에서 따왔습니다.

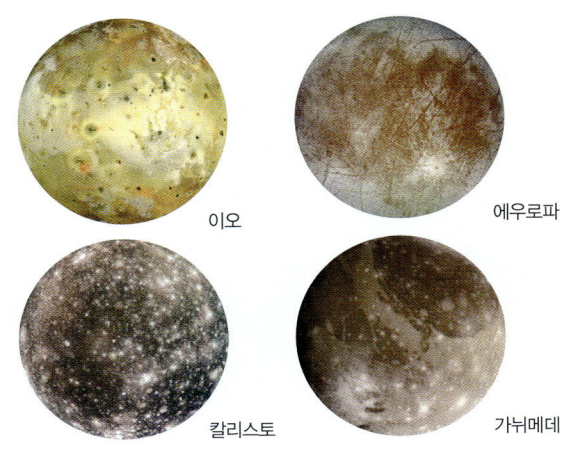

이오 / 에우로파 / 칼리스토 / 가뉘메데

아지고 그 연구 결과가 점차 쌓이고 발전하면서 코페르니쿠스가 주장한 학설도 차츰 힘을 얻게 되어, 망원경을 통한 갈릴레이의 여러 가지 발견이 옳았음을 증명해 주었답니다.

우주의 대폭발

오랫동안 사람들은 우주를 질서정연하고 안정된 존재라고 생각했습니다. 아득한 고대부터 지금까지 별들은 늘 그 자리에 그 모습대로 있었고, 앞으로도 그러할 것이라는 믿음이었습니다.

그러한 믿음은 너무나 강해서 알버트 아인슈타인 같은 물리학

에드윈 허블

미국의 천문학자로, 우주의 크기에 대해 논란이 많았던 때에 은하까지의 거리가 사람들이 알고 있는 것보다 훨씬 더 멀리 떨어져 있고, 수많은 별들로 이루어져 있다는 것을 밝혀냈습니다. 그리고 우리 은하와 거리가 먼 은하일수록 빠른 속도로 멀어지고 있다는 사실도 알아냈습니다. 이것이 바로 '우주팽창설'입니다.
또 지구에서 은하까지의 거리가 얼마나 되는지, 얼마나 빠른 속도로 우주가 팽창하고 있는지, 그리고 은하의 나이가 얼마나 되는지도 밝혀냈습니다.
1922년 미항공우주국(NASA)에서 우주망원경을 쏘아 올렸는데, 이때 허블의 업적을 높이 사서 그 이름을 허블우주망원경이라고 지었습니다.

자도 '우주상수'를 도입하는 실수를 할 정도였습니다. 그는 일반 상대성이론을 바탕으로 한 우주론에서 우주가 팽창한다는 결론이 나오자, 그럴 리가 없다며 우주가 팽창하지 않도록 우주상수를 도입했습니다. 그러나 다른 많은 학자들은 팽창우주론을 주장했습니다. 마침내 1929년 에드윈 허블이 관측을 통해 명백한 증거를 찾아내자 아인슈타인도 자신의 실수를 인정해야만 했습니다.

빅뱅(Big Bang. 우리말로는 대폭발 이론이라고 한다)**은 천문학 또는 물리학에서 우주의 시초를 설명하는 우주론 모형입니다.**
빅뱅 이론에 의하면 태초의 우주는 엄청나게 높은 에너지와 미세한 크기로 시작되었다고 합니다.

2001년에 발사된 우주배경복사탐사선(WMAP)이 수집한 자료를 분석한 결과에 따르면 "우주는 137억 년 전에 대폭발, 즉 빅뱅이 있었고 수천 억조 분의 1초도 안 되는 짧은 시간에 엄청난 팽창을 일으켰다"고 결론지었습니다.

우주론에서 빅뱅은 표준 모형의 중요한 요소입니다. 현재 별에서 방출되는 빛의 스펙트럼을 조사해 보면 적색편이가 보이는데, 이는

빅뱅우주론을 체계화한 조지 가모

우주배경복사

약 137억년 전에 일어난 우주 대폭발 이후 현재까지 남아 있는 것으로 여겨지는 대폭발의 흔적을 말합니다.
이 빛은 우주 공간의 여러 방향에서 지구를 향해 오고 있으며, 폭발 후 우주 공간에 남아 우주를 가득 채우고 있다고 여겨지고 있습니다. 그리고 우주가 탄생할 당시의 상태를 알 수 있는 중요한 기초 자료로 여겨지고 있습니다.

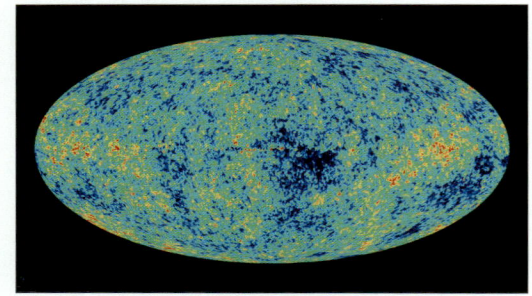

우주배경복사를 발견한 펜지어스와 윌슨

우주가 팽창하고 있다는 이론을 뒷받침하는 증거입니다.

허블의 법칙은 이를 정량화한 것으로, 우주가 팽창하는 속도는 거리에 비례한다는 것을 수식을 통해 정리했습니다. 허블의 법칙을 통해 시간을 거꾸로 거슬러 올라가면 우주의 크기가 아주 작았다는 것을 추론할 수 있습니다.

이러한 이론에 반대하여 1948년에 허만 본디, 토머스 골드, 프레드 호일은 우주가 시간에 따라 변하지 않는다는 정상 우주론을 주장하였습니다. 이들은 빅뱅 우주론에서 예측되는 초기의 극고밀도와 초고온의 우주를 부정하면서 시간이 진행함에 따라 새로운 물질이 생성된다고 주장하였습니다. 그러나 1950년대에 들어서서 정상 우주론에 문제를 제기하는 관측 결과들이 나타나면서 이 이론의 입지는 좁아졌습니다.

이러한 논란에 결정적으로 종

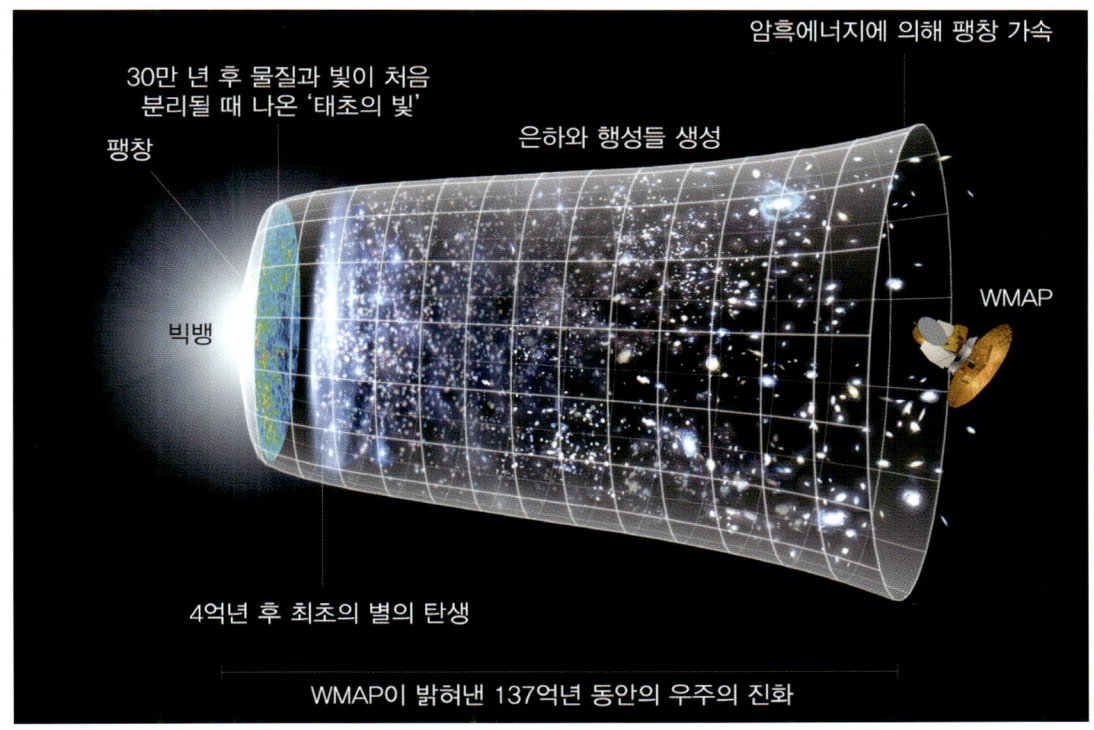

지부를 찍은 것은 우주 배경 복사의 발견이었습니다. 빅뱅을 가정하여 가모프가 예언한 우주 배경 복사는 1965년 아르노 펜지아스와 로버트 윌슨에 의해 관측되었으며, 예측과 정확히 일치하였습니다. 우주 배경 복사의 발견은 초기 우주가 엄청난 고온임을 입증하는 것입니다.

빅뱅의 가장 큰 성과를 꼽는다면 이를 통해 원자핵의 생성을 설명할 수 있기 때문입니다. 실제로 헬륨의 밀도 분포는 관측 결과와 거의 일치합니다.

최근에는 기존의 빅뱅 표준 모형의 부족한 점을 급팽창 이론이 보충해주고 있습니다.

우주가 팽창하고 있다면 먼 과거에는 지금보다 별들이 더 가까이 있었고, 좀 더 거슬러 올라가면 거의 한 점에 모여 있었을 것으로 추측됩니다. 우주의 시작, 즉 시간의 시작이 있음을 뜻하는 이론이 바로 빅뱅 이론입니다.

그렇다면 우주의 미래는 어떨까요? 우주는 무한히 계속 팽창할까요? 그렇지 않으면 대파국 이론이 주장하는 것처럼 언젠가는 팽창을 멈추고 수축하여 다시 한 점으로 모이게 될까요?

지금까지 알려진 바로는 대파국이 일어날 가능성은 거의 없다고 합니다. 결과적으로 팽창 우주론 연구는 근본 물질에 대한 이해, 자연에 존재하는 여러 가지 힘들에 대한 이해를 한 차원 높여 주었습니다.

달로 떠나는 여행

1958년 소련이 지구 둘레의 궤도를 선회하는 최초의 인공위성 '스푸트니크 1호'를 발사하여 성공시키면서 우주 경쟁 시대를 선포하자, 이에 자극 받은 미국의 존 F. 케네디 대통령은 60년대가 지나가기 전에 인간을 달에 착륙시킨 후

스푸트니크 1호

1957년 10월 4일에 러시아(구소련)에서 발사된 인류 최초의 인공위성입니다.
대기에 관한 여러 자료를 기록하고 전송할 수 있는 장치를 실은 스푸트니크 1호는 무게 83.6kg, 직경 58cm인 캡슐 형태로 바깥쪽은 알루미늄 합금으로 만들어져 있으며, 4개의 안테나가 달려 있습니다.
같은 해 11월에는 스푸트니크 2호가 발사되었는데, '라이카'라는 이름을 가진 개를 태워 보냈습니다.

무사히 귀환시키겠다는 약속을 내걸었습니다.

  1969년 7월 20일 미국 동부 시간으로 오후 4시 17분, 인류 역사상 최초로 유인 달착륙선 '이글호'가 달에 착륙했습니다. 미국 우주선 '아폴로 11호'의 사령선에서 떨어져 나온 이글호

닐 암스트롱

1969년에 아폴로 11호가 달에 착륙했을 때 인류 최초로 달에 첫발을 내디딘 미국의 우주비행사입니다.
1966년에 인공위성 제미니 8호의 선장이 되어 처음으로 우주비행을 했는데, 이때 아제나 8호와 최초로도킹에 성공하기도 했습니다. 이후 아폴로 11호의 선장이 된 암스트롱은 달에 착륙한 소감으로 "이것은 한 인간에게는 아주 작은 한 걸음에 지나지 않지만, 인류에게는 위대한 도약이다."라는 유명한 말을 남겼습니다.

는 선장 닐 암스트롱과 조종사 에드윈 앨드린에 의해 달 표면의 '고요의 바다'에 무사히 착륙했습니다.

오후 10시 56분 암스트롱은 4개의 연동 바퀴가 달린 착륙선의 문을 열고, 황량하고 가루 같은 흙이 뒤덮인 달 표면 위에 조심스레 첫발을 내디뎠습니다. 인류가 달나라에 첫발을 내디딘 역사적인 순간이었죠.

암스트롱은 텔레비전을 통해 이 장면을 시청하고 있던 약 6억 명의 지구인들을 향해 말했습니다.

"오늘 나는 나의 자그마한 발걸음을 내디뎠을 뿐이지만 전 인류에게는 위대한 도약이다"

마이클 콜린스가 사령선을 타고 달 주위를 궤도 비행하고 있는 동안 19분 후에 조종사 앨드린이 암스트롱과 합류했습니다. 그는 물 한 방울, 공기 한 점도 없는 고요의 바다에 발을 내디디며 '장엄하고 황량한' 기분을 표현했습니다.

　아폴로 11호의 달 착륙 성공은 1971년 화성 궤도로 발사된 '마리너 9호', 1976년 무인 우주선 '바이킹 1호'에 의한 화성 탐사를 촉진시킴으로써 우주의 보다 먼 곳에 대한 탐사를 활발하게 했으며, 영구히 궤도를 도는 우주 정거장을 경유하여 지구와 달 사이에서 인간과 장비를 운반하는 스페이스 셔틀 체제의 개발을 구상하게 했습니다.

　현재 여러 선진국들은 우주에 대해 지대한 관심을 가지고 지속적인 투자를 하고 있습니다.

　중국 또한 급속한 경제 성장과 더불어 유인 우주선 '선저우 5호' 발사에 성공하는 등 우주항공 기술력에 많은 투자를 하고 있습니다.

　한국은 한국인 최초의 우주인으로 선택된 이소연 씨가 우주 정거장과 도킹하여 세계에서 36번째로 우주인을 배출한 국가가 되었지만, 달 탐사 계획은 아직 미지수이며 아직까지 우주 항공 분야에서

한국인 최초의 우주인 이소연

는 별다른 성과를 거두지 못하고 있습니다. 여기에는 우리나라가 우주 항공에 투자할 만큼의 자본과 인력이 풍부하지 않기 때문입니다.

우주 항공 기술은 미래를 내다보는 기술이며 일종의 경제 분야라고 할 수 있습니다. 따라서 우리나라도 이에 맞춰서 우주 항공 기술에 투자하고 미래에 벌어질 우주 시대에 대비하여야 할 것입니다.

실제 셔틀 체제가 구축되면 달이나 기타 행성을 거주지로 삼거나 태양계 밖으로의 우주 탐사 여행이 더 이상 공상과학소설 속의 이야기가 아닌 현실로 가능해질 것입니다.

달은 어떻게 태어났을까?

갓 만들어진 지구는 지금의 지구보다 작았습니다. 그러다 태양을 돌던 다른 작은 행성들과 충돌하기 시작했습니다. 수많은 다른 행성들과의 충돌로 인해 지구의 덩치는 더 커졌고 덩치만큼이나 중력도 강해지게 되었습니다. 중력은 지구를 싸고 있는 먼지 덩어리를 공 모양의 지구의 한가운데로 끌어당겨 그것이 녹을 때까지 압축하게 됩니다. 이 압축으로 인해 발생한 열로 액체가 된 금속이 지구의 한 중심을 이루게 됩니다.

그 핵을 둘러싸고 규산염이라는 고체 상태의 광물로 이루어진 맨틀이 자리 잡게 됩니다. 이제 서서히 지구는 제 모양을 갖추었습니다. 그런데 지구가 거의 만들어질 무렵 큰 사건이 발생합

1   2   3

니다. 그것은 우주에서 화성 정도의 크기를 가진 천체가 지구와 충돌하게 됩니다. 그래서 지구의 덩어리 일부와 우주에서 날아온 천체의 물질이 지구 밖으로 떨어져 나갑니다. 하지만 지구의 중력으로 완전히 벗어나지는 못하고 지구의 둘레를 회전하게 됩니다. 그러면서 서서히 하나의 덩어리로 뭉치게 되어 지금의 달이 되었습니다.

이렇게 해서 만들어진 지구와 달은 항상 함께 붙어 다니며 움직이고 있습니다. 하지만 두 곳에는 전혀 다른 세계가 펼쳐져 있습니다. 달은 처음 만들어진 30억 년 이래 거의 변화가 없고 건조하고 생명이 살 수 없는 땅으로 남아 있습니다. 하지만 지구는 지난 45억 년 동안 무수히 많은 변화를 겪었고 지금은 생명이 존재할 수 있는 행성이 되었습니다.

1. 처음 태양이 생기고 나서 태양의 주위에는 작은 행성들이 주변을 돌면서 서로 합쳐져 지구와 같은 행성이 만들어졌습니다.
2. 지구가 태양 주위의 다른 행성들과 결합해 만들어지고, 많은 시간이 흐른 뒤 지구에 작은 행성이 접근해 옵니다.
3. 지구가 소행성과 충돌해 지구의 암석덩어리와 충돌한 행성의 암석이 지구 밖으로 나가게 됩니다.
4. 지구 밖으로 빠져 나간 암석들은 중력에 의해 멀리 가지 못하고 지구의 주위를 돌게됩니다.
5. 이제 지구를 도는 하나의 위성인 달이 생겼습니다. 아직까지 지구와 달은 뜨겁습니다.
6. 지구는 이제 물과 대기가 있는 행성으로 성장하고 수분을 갖지 못한 달은 오늘날까지 대기가 없는 위성으로 남아 있습니다.

4　　　　　　　　　　　5　　　　　　　　　　　6

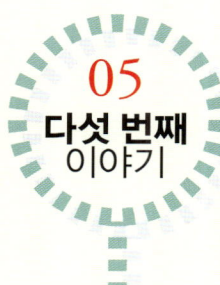

지혜로운 엄마가 들려주는 과학 이야기

작지만 큰힘, 가벼운 기체 이야기

◀ 공기와 증기

증기의 힘을 이용하다

증기의 힘은 부엌에서 찌개를 끓이거나 밥을 지을 때나, 주전자에 물을 넣고 가열할 때 열이 물을 분해하여 기화되면서 뚜껑을 밀고 밖으로 나오는 것 등으로 확인할 수 있습니다.

물이 액체 상태에서 기체로 변할 때 분자들의 운동이 활발해지면서 내부에서 밖으로 빠져 나가려는 힘을 이용한 것이 바로 증기기관의 기본 원리입니다.

18세기 이전에는 사람이나 가축의 힘에 의존하거나 물레방아처럼 흐르는 물의 힘을 동력으로 이용했는데, 새로운 증기기관의 등장은 획기적이면서도 미래 산업사회에 매우 중대한 변화를 가져온 사건이었습니다.

물이 끓어서 기체로 증발할 때, 그 증기의 힘을 동력으로 이용할 수 있다는 사실은 이미 고대인들도 알고 있었습니다.

기원 후 1세기 무렵, 알렉산드리아의 헤론이란 사람은 증기의 힘으로 움직이는 물건을 실제로 만들기도 했다고 합니다. 그것은 증기구(蒸氣球)라는 기구인데, 공 모양의 양쪽에 분출구가 있어서 그 구멍에서 수증기를 뿜게 하여 공을 회전시키는 것이었습니다.

증기의 힘을 우리의 생활과 연결시켜 실용적인 목적으로 사용하려는 시도는 17세기 말에 와서야 비로소 나타났습니다.

17세기를 2년 남짓 남겨둔 1698년, 영국의 토머스 세이버리가 만든 증기 기관은 실제로 증기의 힘을 이용하여 작업을 하는 장치였는데, 그는 물을 넘치게 하는 증기에서 얻은 흡입력으로 광산의 물을 뽑아 올리는 수동 밸브 펌프

헤론의 증기구   세이버리의 증기기관

77

토머스 뉴커먼

다트머스에서 태어난 토머스 뉴커먼은 1712년 웨스트미들랜드 주의 더들리 성에 처음으로 실용화된 기관을 설치하였는데, 그가 만든 증기 기관은 보일러가 기관과 떨어져 있는 것이 특징이며, 대기압만으로 물을 빨아올리고 증기는 진공을 만드는 데만 사용되었습니다.

이 기관은 그 뒤 광산이나 탄광의 배수 문제 해결을 위한 양수기로 사용되었습니다.

뉴커먼 기관은 작업당 석탄 소비량은 많았으나, 60여 년이나 양수용으로 보급되어 영국의 석탄 산업 발달에 큰 힘이 되었을 뿐만 아니라, 증기 기관 발달에도 큰 공헌을 하였습니다.

를 발명했습니다. 그는 이 증기 기관으로 최초의 특허를 얻었습니다. 비슷한 시기에 프랑스의 파팽(Papin)이 만든 증기 기관도 있었지만, 실제로 사용되었던 것은 아닌 듯합니다.

다트머스의 대장장이였던 토머스 뉴커먼은 세이버리의 증기 기관을 개량하여 훨씬 능률 좋은 증기 기관을 만들었습니다.

뉴커먼의 증기 기관은 당시로서는 큰 성공을 거두었습니다. 그가 만든 증기 기관은 발명 직후 4년 동안 8개국에 보급되었고, 그가 죽은 1729년까지 유럽의 많은 나라에서 사용하였습니다.

한 가지 재미있는 사실은 뉴커먼의 일생을 다룬 글을 보면 그가 난로 위에 끓고 있는 주전자 뚜껑을 보고 증기 기관을 발명했다는 일화가 전해집니다. 뉴커먼도 그의 뒤를 이은 와트와 마찬가지로 물이 끓으면서 주전자 뚜껑이 들썩거리는 모습을 보고 증기 기관을 발명했다고 합니다. 증기기관

제임스 와트

의 발명과 사용은 오랜 역사의 결과였음을 알 수 있습니다.

산업혁명 시기에 증기 기관이 널리 전파되는 데 가장 큰 역할을 한 사람은 제임스 와트입니다.

와트는 그 이전까지 왕복 운동만 가능하던 증기 기관을 회전 운동으로 전환할 수 있도록 개량함으로써 증기 기관이 공장에서 기계를 돌리는 동력으로도 사용할 수 있게 만들었습니다. 이는 18세기 말에서 19세기 초에 걸쳐 영국의 산업혁명에 엄청난 영향을 미쳤습니다.

화학의 새로운 혁명

흔히 프랑스의 과학자 라부아지에를 '근대 화학의 아버지'라고 부릅니다. 그는 연소 반응에서 산소의 역할을 밝혀냈는가 하면, 원소를 기본 물질이라는 개념으로 파악했습니다. 또한 화학 반응 시 물질의 보존 원리를 규명하는 등 근대 화학의 토대를 완성했으며, 화학을 과학의 한 분야로 자리매김하는 데 큰 기여를 했습니다.

프랑스 혁명 직전에 이루어진

라부아지에와 그의 부인

이러한 라부아지에의 업적은 화학의 발전에 너무나도 큰 영향을 미쳤기 때문에 우리는 이를 '화학혁명'이라 부르고 있습니다.

1772년, 라부아지에는 연소에 관한 최초의 실험을 했습니다. 이는 앞서 설명한 화학혁명을 향한 기념비적인 사건이자 라부아지에에 의한 플로지스톤(phlogiston) 이론의 폐기라는 중요한 의미를 갖습니다.

18세기 내내 화학 전반을 설명하는 이론 체계였던 플로지스톤 이론은 16세기에 의화학을 창시한 파라켈수스가 주장한 것이었습니다.

이를 17세기 독일의 화학자 슈탈(Georg Ernst Stahl)은 플로지스톤(그리스어로 '불타는 것'이라는 뜻)이 많이 함유된 물질은 그만큼 잘 타며, 플로지스톤은 모든 가연성 물질에 포함되어 있다고 보고 불에 탈

실험실의 라부아지에

때 연기와 불꽃으로 빠져 나간다고 여기고 이론적으로 체계화했습니다. 그러나 금속은 불에 탈 때 산화하여 오히려 무게가 늘어나기 때문에 플로지스톤 이론의 반박 증거가 됨에도 무시당하고 있었습니다.

플로지스톤설

플로지스톤설은 모든 불에 타는 물질에는 플로지스톤(phlogiston)이라는 입자가 있어 불에 타는 과정에서 플로지스톤이 소모되고, 플로지스톤이 모두 소모되면 연소과정이 끝난다는 옛 학설입니다. 1783년 라부아지에에 의하여 존재하지 않음이 확인되었습니다.

라부아지에는 1772년에 유황, 인 등의 화합물로 자신의 이론을 증명할 실험을 한 다음 '연소 과정에서 플로지스톤은 발생하지 않으며, 오히려 불에 타는 물체가 공기를 흡수하고 또 공기를 필요로 한다'는 가설을 발표했습니다. 그는 또한 물질이 화학변화를 일으키기 전과 일으킨 후에도 전체 무게에는 변화가 없다는 것을 많은 실험을 통해 확인했습니다. 이

라부아지에의 실험기구들

러한 결론이 바로 '질량불변의 법칙'입니다.

프리스틸리

영국의 화학자. 1771년에, 밀폐한 유리용기 속에 식물을 심고, 불이 꺼질 때까지 촛불을 태우더라도, 이윽고 다시 촛불이 탄다는 데서, 식물의 광합성작용을 발견했습니다. 또 렌즈로 모은 태양 빛으로 산화수은을 가열하여 산소를 발견했으나, 프로지스톤 설을 굳게 믿고 있었으므로 산소의 진정한 의미는 알지 못했는데, 프리스틸리의 이 이야기를 들은 라부아지에에 의하여 그것이 밝혀졌습니다.

그는 이 연구를 완성하기 위해 많은 시간을 실험실에서 보냈습니다. 그리고 처음 연소에서 공기 중에 함유되어 있는 어떤 물질이 불타는 물질과 결합되는 것 같다고 생각했습니다. 그는 이 결합하는 물질에 대해 다시 고민하기 시작했습니다.

그러던 중 영국의 프리스틸리라는 화학자가 산소가스를 발견하고 이를 발표하였습니다. 라부아지에는 이 새로이 발견된 가스가 산소일지 모른다고 생각하고 이를 규명하기 시작했습니다. 그의 노력은 마침내 결실을 맺었고, 드디어 모든 것을 설명할 수 있었습다.

그는 '공기 중 가장 활력 있고 가장 순수한 요소'를 산소로 정의했으며, 계속되는 연구에 의해 물의 전기분해를 밝힘으로써 공기 중의 연소 이론을 완결했습니다.

이는 화학 반응에서 산소가 하는 역할을 최초로 발견해낸 중요한 업적으로, 화학이 중세 이후의 연금술에서 벗어나 근대

과학의 한 분야로 자리매김하고 눈부신 발전을 이룬 계기가 되었습니다.

공기로 하늘을 오르다

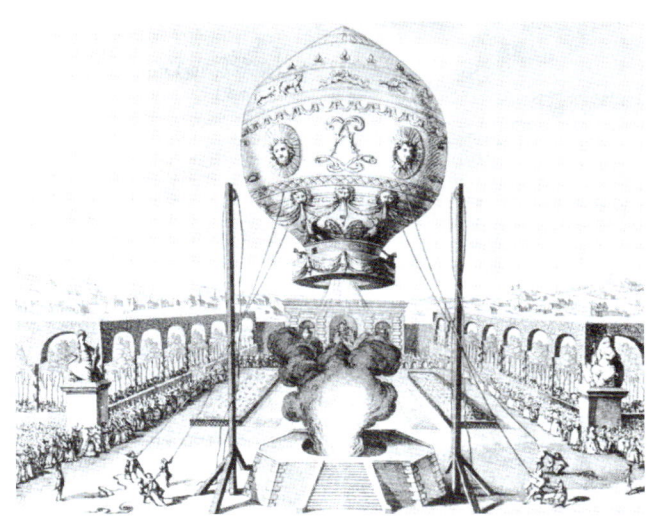

1783년에 어느 작은 마을에서 중요한 실험이 벌어졌습니다. 조제프와 자크 형제는 커다란 종이공을 구름처럼 가볍게 하기 위해 따뜻한 공기를 채워 하늘로 떠오르게 하는 실험을 하였습니다. 지름이 12미터인 종이공의 아래쪽 공간 바로 밑에서 땔나무에 불을 붙여 연기를 채우자 공은 공중으로 날아올랐습니다. 하늘로 올라간 공은 어느 정도 시간이 지난 후 2천 미터까지 날아올랐으나, 얼마 지나지 않아 다시 땅으로 떨어져버렸습니다.

하지만 이 실험에 대한 소문은 삽시간에 퍼져 나갔습니다. 그 소문을 전해들은 프랑스의 자크 샤를도 이들 형제의 실험에 큰 관심을 보였습니다.

그 당시 이미 수소가 공기보다 훨씬 가볍다는 사실이 알려져 있었습니다. 샤를은 뜨거운 공기와 연기 대신 수소를 사용하였는데, 수

소는 실험실에서 묽은 염산에 쇠를 녹여서 만들었습니다.

샤를이 만든 공은 2분도 채 되지 않아 1천 미터 높이까지 올라갔지만, 그의 예상과는 달리 기구는 약 40분 뒤 땅으로 떨어졌습니다. 기구는 6천 미터 이상 올라갔을 것으로 추측되었고, 땅에 떨어진 후 확인해본 결과 약 30센티미터 이상 찢어져 있었습니다. 바깥 공기의 압력이 기구 속의 수소의 압력보다 훨씬 작기 때문에 수소

샤를의 법칙으로 유명한 과학자 샤를은 수소로 가득 채운 열기구를 타고 하늘을 날아 올랐답니다.

가 찢어진 곳으로 새어 나오면서 그로 인해 기구가 지면으로 떨어진 것이었습니다.

기구를 이용하면 대기 위의 상태를 연구할 수 있지 않을까 하고 생각한 몇몇 과학자들이 이 연구에 착수했습니다.

프랑스의 과학자 게이뤼삭도 이를 이용한 실험을 했는데, 그의 실험은 나침반 자석의 바늘이 높은 공중에서도 지상과 같은 방향으로 움직이는지를 확인하는 것이었습니다.

더 높이 오르기 위해 기구 안의 물건을 버리는 게이뤼삭

약 3천 미터의 높이에 도달하자 게이뤼삭은 더 높이 올라가보고 싶었습니다. 그래서 그는 기구 안에 있던 물건들을 밖으로 던져 기구를 가볍게 한 다음 더 높이 올라갔습니다.

수소를 이용해 하늘을 오르려던 샤를의 시도는 몇 년 전에 조지 블랙이라는 사람이 이미 생각하고 있었습니다.

1776년에 블랙은 아주 얇고 가벼운 소의 방광에 캐번디시가 발견한 수소를 채워 넣게 되면 공기보다 가벼워서 하늘로 날아오를 것이라 생각했습니다. 하늘을 나는 방광이라는 재미있는 실험에

케번디시

영국의 화학자·물리학자(1731~1810). 정전기에 관한 기초적 실험을 행하고 지구의 비중을 측정하였으며, 수소를 발견하고 물이 산소와 수소로 이루어져 있다는 것을 밝혔다.

초대받은 블랙의 친구들은 그날의 실험을 다음과 같이 기록해 놓았습니다.

"수소가 발견되고 얼마 지나지 않아서 블랙은 그것이 보통의 공기보다 적어도 10배 이상 가볍다는 것을 친구들에게 증명해 보여주기로 했다. 친구들 중에는 하른 박사, 엘튼의 클락, 베니퀵의 조지 클락이 있었다. 블랙 박사가 수소 가스를 채운 방광을 손에서 놓자, 방광은 천장에 가서 달라붙었다."

블랙은 친구들에게 방광이 공중으로 올라간 이유를 설명했습니다. 그러나 그는 자신의 명성이나 세간의 보도에 대해서는 거의 무관심했기 때문에 이 기발한 실험을 누구에게도 말하지 않았습니다. 그래서 샤를에 의한 실험이 이루어지기까지 12년 이상의 세월이 걸렸습니다.

공기와 말의 힘 대결

1651년, 귀리케는 그동안 연구하고 실험한 결과를 페르디난트 3세에게 보여주기 위해 분주했습니다. 그는 갈릴레이가 주장한 '공기는 무게를 갖는다'는 이론을 바탕으로 재미있는 인형을 하나 만들었습니다.

그는 놋쇠로 만든 관 네 개를 약 10미터의 길이로 이어 지면에 세운 다음, 자신의 집 지붕 아래까지 연결했습니다. 그러고는 이 기다란 관 꼭대기에 가느다란 플라스크를 거꾸로 장치한 뒤 관 아래쪽을 물로 채운 큰 통 속에 넣었습니다. 이 관에서 수기압계 역할을 하는 물기둥의 높이는 약 32피트였으며, 위에 장치한 플라스크 안에는 토리첼리 진공이 생기도록 만들었습니다.

귀리케는 사람 모양을 한 인형을 이 수기압계 속에 넣고 플라스크 안의 수면에 뜨게 했습니다. 그런 다음 관 아래쪽을 전혀 보이지 않도록 함으로써

공기의 압력을 이용한 귀리케의 실험

그 누구도 인형이 들어 있는 유리그릇 외에 다른 것은 보이지 않게 했습니다. 날씨가 맑게 갠 날은 수면이 올라오는 높이의 아래쪽은 판자로 둘러싸서 보이지 않게 더욱 주의했습니다.

그러므로 인형이 보이는 것은 맑게 갠 날뿐이고 날씨가 좋지 않고 공기의 압력이 낮아지면 플라스크 안의 수면도 낮아져서 인형이 판자에 가려져 숨어 버립니다.

귀리케는 공기압을 이용한 재미있는 기구도 만들었습니다. 그는 원구 속을 진공으로 만드는 방법을 개발하였는데, 페르디난트 3세가 보는 앞에서 진공의 힘이 얼마나 큰지를 보여주는 실험을 하려는 것이었습니다.

귀리케는 8마리의 힘센 말에게 반구 한쪽을 끌게 하고, 다른 쪽 반구도 반대편에서 8마리의 말이 끌도록 했습니다. 말들이 양쪽에서 잡아끌었지만 반구는 쉽게 떼어지지 않았습니다. 결국에는 말들이 있는 힘을 다해서 끌어서야 겨우 떼어냈습니다. 그때 대포

를 발사하는 것 같은 커다란 폭음이 일어나 구경하던 사람들이 모두 깜짝 놀랐다고 합니다(그 소리는 진공인 반구 속으로 공기가 갑자기 유입되었기 때문에 난 것입니다).

이렇게 황제와 신하들에게 두 개의 반구를 떼기가 얼마나 힘든가를 보여주고 난 귀리케는, 반대로 얼마나 손쉽게 뗄 수 있는가도 보여주었습니다. 조수를 시켜 펌프를 이용하여 안쪽 공기를 전부 빼내도록 한 다음 코르크 마개를 돌려, 공기가 공 속으로 들어가게 해서 아무런 힘도 들이지 않고 반구를 떼었습니다. 평소 느끼지 못하는 공기의 실체를 증명하고, 그 힘이 얼마나 큰 것인지 보여준 것입니다.

귀리케의 실험용 반구

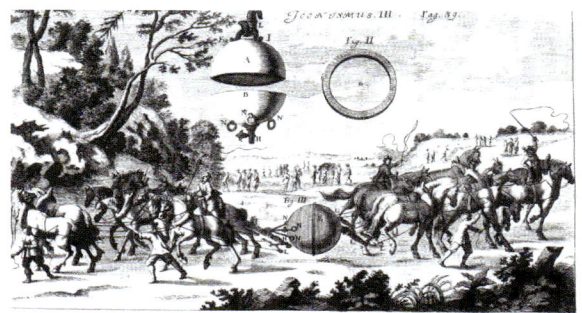

이는 공 속으로 유입된 공기가 공 안쪽에서는 바깥쪽으로 힘을 미치고, 반대로 공 바깥쪽에서는 안쪽으로 힘을 미치고 있기 때문에 두 압력이 서로 상충되는 원리를 이용한 것입니다.

귀리케

헤론의 증기터빈

헤론의 터빈 원리를 응용한 모형

에너지를 생산하기 위한 발전소의 터빈으로는 수력터빈, 증기터빈, 풍력터빈 등이 있습니다.

터빈이 최초로 사용된 것은 그리스의 영향을 받은 고대 로마시대부터입니다. 기원전 70년경 로마인은 밀과 같은 곡물을 빻기 위해 수력을 이용한 터빈 형태의 수차를 이용했다고 합니다. 생김새는 지금의 물레방아와 비슷하며 물의 흐름이 강한 곳에 설치했습니다.

열을 이용한 최초의 증기터빈은 1세기 즈음 헤론이 발명했다고 합니다. 이 장치는 그림과 같이 굽은 관을 통해 증기가 나오면서 회전하는 것으로, 오늘날 잔디에 물을 뿌리는 스프링클러와 비슷했습니다. 이 장치는 훗날 증기기관에 응용된 반작용의 원리를 이용한 것입니다.

공기의 압력을 이용한 트레비분수

1950년대 영화〈르마의 휴일〉의 배경으로 등장하는 트레비 분수에는 재미있는 과학이 숨겨져 있습니다. 트레비 분수는 로마 시대에 만들어졌는데 로마의 멸망과 함께 수로가 끊겨 작동이 멈추었습니다. 그러다가 786년에 교황 하드리아누스의 지시로 다시 복구되었습니다.

이 분수가 끊임없이 물을 뿜는 원리는 수압과 대기압에서 찾을 수 있습니다. 이 분수에는 물을 담는 수반이 3개 있습니다. 각각 크기가 달라서 더 예쁘기도 하지만, 이렇게 크기를 달리하는 데는 대기압과 수압을 높게 하려는 의도가 숨어 있습니다.
　분수의 넓은 수반에 물이 가득 차면 이 수반의 넓이에 따라 작용하는 대기압도 그만큼 커지게 되고 그로인해 작은 수반으로 물이 차오르게 됩니다. 이 물이 넘쳐 다시 큰 수반에 담기면 물은 지속적으로 순환을 하게 되는 것입니다.

지혜로운 엄마가 들려주는 과학 이야기

우연한 발견, 생명을 지킨 사람들

◀ 인간과 의학의 발전

곰팡이가 인간을 살리다

사람이나 동물이 심각한 종기나 심한 상처로 고통받을 때 페니실린이 없다면 어떻게 될까요?

예전에는 매우 무서운 질병으로 여겼던 디프테리아, 폐렴, 패혈증에, 그리고 수술할 때 고름이 생기는 일을 미리 예방하기 위해 항생제인 페니실린을 사용합니다. 그 페니실린을 어떻게 발견하여 언제부터 생명을 지키는 일에 사용하였는지 알아볼까요?

페니실린은 앞서 설명한 여러 가지 상황이나 질병에서 많은 종류의 세균의 성장을 멈추게 하고 번식하는 것을 막아줍니다.

인간의 수명을 크게 늘려준 항생제 페니실린은 어떤 과정을 거쳐 환자를 위한 치료용 주사제로 사용되었을까요?

오랜 시간 실온에 방치해둔 음식물이나 습기가 많은 집안 구석 등에서 흔히 볼 수 있는 곰팡이는 아주 작은 식물입니다. 지금까지 우리에게 알려진 곰팡이의 종류만 해도 4만여 종이 훨씬 넘습니다. 원래의 종에서 다른 종으로 쉽게 변신하는 곰팡이의 특성 때문에 어쩌면 그 종류는 1백 50만 종이 넘을 것이라고 주장하는 사람도 있습니다.

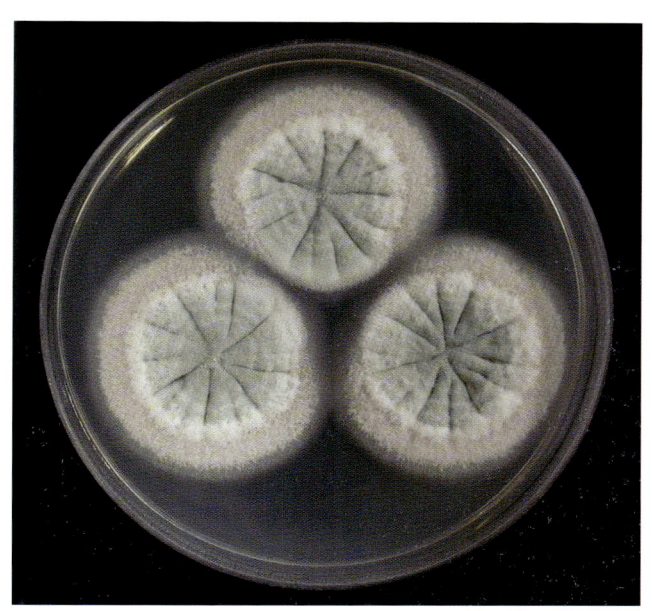

페니실륨이라는 푸른곰팡이

우리 주변에서 흔히 볼 수 있는 곰팡이는 '페니실륨(penicillium)'이라는 청록색의 푸른곰팡이입니다.

앞서 설명한 것처럼 이들 곰팡이는 식물로 분류합니다. 하지만 보통 식물과는 달리 꽃이나 열매를 맺지 못하고, 다 자라게 되면 일부 곰팡이의 끝에는 둥근 혹이 생겨납니다. 이 혹이 자라 어느 정도 시간이 지나면 터져 그 속에서 미세한 가루 같은 포자가 터져 나오는데, 이 포자는 너무 작고 가벼워 약한

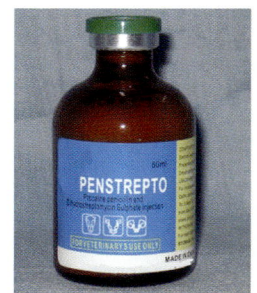

페니실린

푸른곰팡이를 배양하여 얻은 항생 물질로 세포벽의 합성을 저해하여 증식하는 세균을 죽이는 성질이 있으며, 폐렴·임질·단독(丹毒)·패혈증·매독 따위를 치료하는 데 쓴다.

공기의 흐름에도 멀리까지 이동합니다.

  이 포자 알갱이가 우리가 먹는 음식 위에 떨어진 후 그들이 자라기에 알맞은 온도와 습도가 유지되면 이 포자가 자라 곰팡이가 됩니다.

  페니실린은 이러한 곰팡이의 특성 때문에 중요한 의미를 갖습니다.

페니실린을 발견한 플레밍(Fleming, A.)은 실험실 창문을 열어두고 여행을 떠났다가 돌아와, 연구실의 실험용 접시에서 배양하고 있던 포도상 구균(Staphylococ-

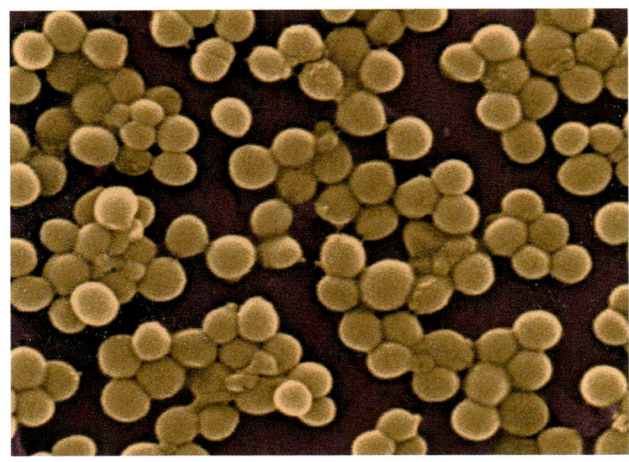

포도상구균

cus)이 죽어 있는 것을 발견했습니다. 이 사건을 계기로 그는 본격적으로 연구를 시작했습니다.

그 이전부터 그는 인플루엔자 바이러스에 관한 연구를 하고 있었는데, 가장 대표적인 화농균인 포도상 구균 배양기에 발생한 푸른곰팡이 주위에는 균이 존재하지 않는다는 사실을 알게 되었고, 그 원인이 열어두고 간 창문을 통해 날아온 푸른곰팡이라는 결론을 내렸습니다.

그는 푸른곰팡이에서 발견한 세균의 증식을 억제하는 기능을 지닌 물질을 '페니실린'이라고 부르고, 1년 후 그 연구 결과를 발표했습니다.

플레밍은 항생제로서의 약을 만드는 데는 실패했습니다. 옥스퍼드 대학의 플로리와 에른스트 체인이 페니실린을 약으로 만드는 데 성공했답니다. 플레밍의 업적이 오늘날까지 전설적으로 남아 있는 것은 곰팡이가 균을 죽인다는 사실을 처음으로 발견했기 때문이며, 그 공로로 1945년에 노벨의학상을 공동으로 수상하는 영광도 누렸습니다.

만약 플레밍이 오염된 배양기를 무심코 버렸다면 인류에게 가장 소중한 약 중의 하나인 페니실린은 존재하지 못했겠지요.

아르키메데스의 부력의 발견, 뉴턴의 만유인력의 발견, 제임스 와트의 증기 기관, 그리고 플레밍이 발견한 페니실린 등 위대한 발명은 우연히 이루어지는 경우가 적지 않습니다.

수술의 고통에서 해방되다

19세기 이전까지는 마취 기술이 없었습니다. 그래서 고통이 너무 심해 수술 중 쇼크로 죽는 환자도 있었다고 합니다.

하지만 마취제의 발견으로 인해 환자가 깊은 잠에 빠져 아픔을 느끼지 못하는 동안 안전하게 수술을 마칠 수 있게 되었습니다.

영국의 화학자 험프리 데이비

마취제의 발견은 18세기 말경 기체를 연구하던 어느 과학자에 의한 우연한 결과였습니다. 험프리 데이비라는 영국의 과학자는 아산화질소가 사람에게 미치는 영향을 연구하고 있었습니다. 이 가스는 지금도 치과에서 사용합니다.

그의 실험을 통해 아산화질소의 몇 가지 재미있는 반응이 알려지자 많은 사람들이 호기심으로 가

스를 마시곤 했습니다. 이 가스를 마시면 기분이 좋아진다는 소문 때문이었습니다.

이때까지만 해도 이 신기한 화학 물질인 아산화질소는 사람들끼리 장난을 할 때나 파티 등에서 쓰였습니다. 이것을 이용한 파티는 영국에서 많은 인기를 모았다고 합니다.

어느 날 파티에 참석한 호레이스 웰즈라는 치과의사는 아산화질소를 마신 사람이 넘어져 정강이를 크게 다치는 것을 보았습니다. 그런데 어찌된 일인지 그 사람은 자기가 다리를 다친 것을 조금도 느

아산화질소

상쾌하고 달콤한 냄새와 맛을 가진 무색의 기체로, 흡입하면 약한 히스테리 증상이 나타나 고통에 대해 무감각하게 되고, 때때로 웃기까지 해 웃음가스라고도 합니다. 1772년 영국의 화학자 조지프 프리스틀리가 발견했고, 후에 험프리 데이비가 아산화질소라고 부르기 시작했으며 생리학적 효과도 증명했습니다. 아산화질소의 주요 용도는 단기간 실시하는 외과수술에서 마취제로 주로 사용하는 것인데, 장시간 흡입하면 사망할 수도 있습니다.

웃음가스를 마시는 당시의 모습을 그린 그림

끼지 못했다고 합니다.

이것을 본 웰즈는 환자들의 이를 뽑을 때 이 가스를 이용하면 아픔을 느끼지 않게 할 수 있을 것이라는 생각이 들었습니다. 그는 자기 자신에게 직접 실험해 보았습니다. 그 결과는 놀라웠습니다. 이산화질소 가스에 마취되어 있는 동안 자신의 건강한 이 한 개를 뽑았으나 전혀 아프지 않았다고 합니다.

그 이후 다양한 재료를 이용하여 마취 가스에 대한 실험을 했으며, 특히 모튼이라는 치과의사는 '에터'를 생각해내어 환자에게 마시게 한 후 통증 없이 이를 뽑았습니다.

이 소식은 빠르게 확산되어 치과 외에도 외과의사가 큰 수술을 할 때에도 쓰이기 시작했습니다.

얼마 후 에터의 부작용으로 다른 마취제를 찾던 심프슨이라는 의사는 클로로포름이라는 물질이 에터보다 훨씬 강하고 효과가 뛰어나다는 것을 알았습니다.

클로로포름

투명하고 무색을 띠며 유동성이 있는 밀도가 큰 액체입니다.
1831년에 최초로 제조되어 1847년 스코틀랜드 에든버러에 사는 내과의사 제임스 심프슨이 최초로 마취제로 사용했으며, 1853년 영국의 내과의사인 존 스노가 빅토리아 여왕이 8번째 아이인 레오폴드 왕자를 출산할 때 클로로포름을 사용했는데, 이때부터 마취제로 사용되었습니다.

클로로포름으로 마취한 후 출산한 빅토리아 여왕

클로로포름을 마취제로 사용하기로 한 심프슨은 자신의 병원에서 한 소년을 수술을 했습니다. 팔에서 썩은 뼈를 잘라내는 수술이었는데, 클로로포름을 손수건에 조금 묻혀 소년의 얼굴에 덮는 간단한 방법으로 마취를 하였습니다. 그 결과 아무런 고통 없이 수술을 무사히 마칠 수 있었다고 합니다.

클로로포름을 아이를 낳을 때 산모의 고통을 없애는 데도 사용했습니다. 그러나 임산부의 출산에 마취제를 사용하는 행위는 사회적으로 격렬한 비난의 표적이 되기도 했습니다.

마취제로 클로로포름을 사용한 심프슨

마취제 사용을 반대하는 다른 의사들뿐 아니라 뿐 아니라, 특히 분만의 고통을 없애기 위해서 마취를 하는 것이 성서에 위배된다고 생각하는 사람들은, 그 행위를 더욱 맹렬히 비난했습니다.

사회적인 격렬한 비난에도 마취제는 꾸준히 개발되어 현대 의학에 지대한 영향을 미치고 있습니다.

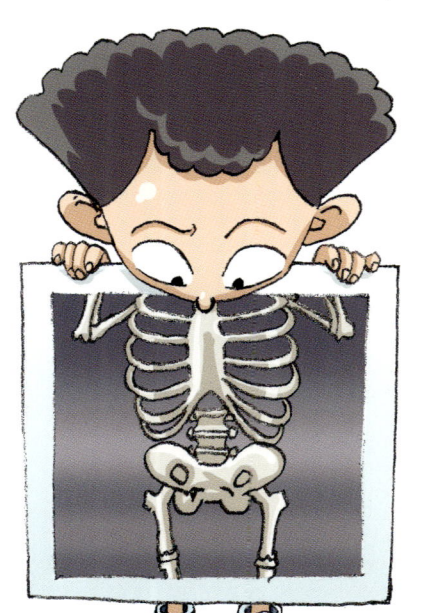

몸속을 관찰할 수 있는 X선

교통사고가 나거나 몸에 이상이 느껴질 때 우리는 병원을 찾아갑니다. 그런 경우 뼈 상태가 어떤지 혹은 몸속 어느 부분에 이상이 있는지를 알기 위해 기본적으로 X선 촬영을 합니다.

요즘은 어느 병원에 가더라도 흔히 촬영할 수 있는 X선은 옷이나 두꺼운 책 등은 통과할 수 있지만, 우리 몸속의 뼈나 금속은 통과할 수 없다는 성질을 이용한 것입니다. 이를 통해 뼈가 이상이 있는지, 우리의 몸속 장기가 건강한

뢴트겐

지 등을 알 수 있습니다.

　현대 의학에서 중요하게 쓰이고 있는 X선은 트겐이 우연히 발견했습니다.

　1895년 어느 날 뢴트겐이 음극선 실험을 하기 위해 연구실 장비의 스위치를 넣자 실험실 안은 어두웠는데도 책상 위에 실험을 위해 놓아둔 시안화백금(Ⅱ)산바륨이라는 물질 하나가 빛을 내고 있었습니다. 크룩스관은 검은 종이로 싸여있어 절대 음극선이 새어 나갈 리가 없었기 때문에 그는 이 현상이 참 이상했습니다. 그러던 중 어떤 선이 관으로부터 그 물질 쪽으로 전진해 나가는 것을 보았습니다.

　이 새로운 복사선은 여러 가지 물질 중에서 종이·나무·알루미늄과 같은 물질은 쉽게 통과하고, 사진 건판에도 영향을 준다는 사실을 알았습니다.
　이어서 그는 새로운 아이디어를 착안했습니다.
　보통 우리가 느끼는 빛은 사진 건판에 작용하여 이미지를 만드는데, 처음 보는 이 선도 분명

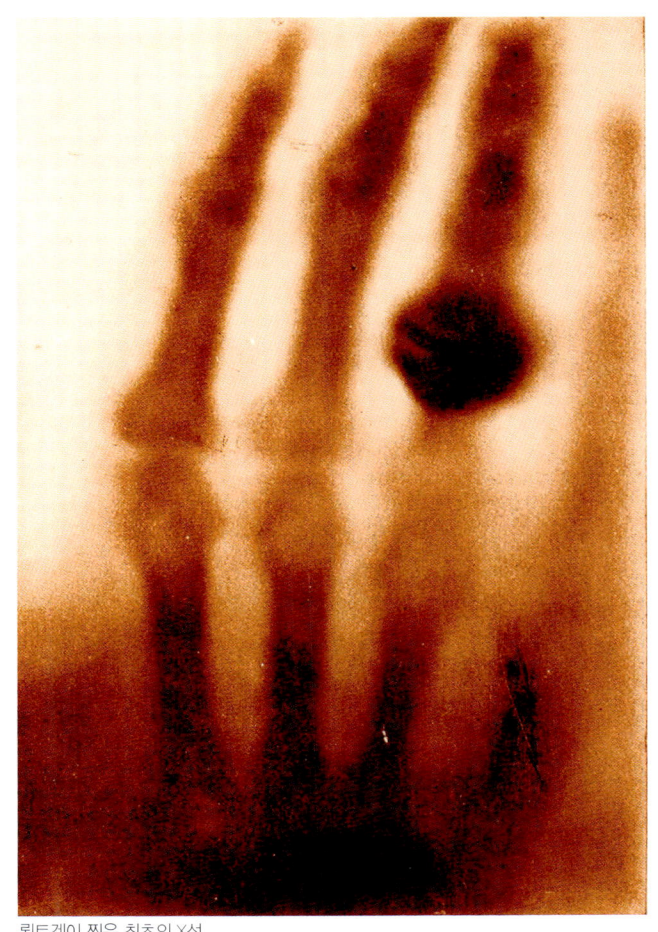
뢴트겐이 찍은 최초의 X선

뢴트겐의 X선 실험 장치-크룩스 관이라고 부릅니다

건판에 감광될 것이라고 생각한 것입니다.

이를 검증하기 위해 그는 아내의 손을 건판 위에 올려놓고 X선을 통과시키자 아내의 손을 이루고 있는 내부의 뼈가 선명하게 드러나고 근육도 흐릿하게 나타났습니다.

그는 반사나 굴절 같은 빛의 성질들이 나타나지 않았기 때문에 빛과는 관계가 없는 것으로 잘못 생각했습니다. 이와 같은 확실하지 않은 성질이 있어 뢴트겐은 이 선을 X복사선, 혹은 X선이라고 불렀습니다. 물론 나중에는 뢴트겐 복사선으로 널리 알려졌습니다.

그의 발견은 엄청난 반향을 불러일으켰습니다. 과학자나 외과 의사들은 이 선이 인류에게 막대한 혜택을 가져다줄 것이라고 믿었습니다. 그들의 예상대로 곧 외과 수술에 X선이 중요한 역할을 맡았습니다.

빛의 성질

빛은 반사, 굴절, 합성, 분산, 직진 등의 성질을 갖고 있습니다.
빛이 직진을 한다는 성질은 그림자를 보면 알 수 있습니다. 빛은 꺾어서 지나가지 않고 직진하기 때문에 장애물을 만나면 다른 쪽으로 가지 못하고 반사되기 때문에 그림자가 생기는데 이것은 빛의 직진하는 성질 때문입니다.
빛의 반사는 거울이나 장애물을 만나면 빛이 들어온 각도대로 반대쪽으로 퉁겨나가는 건데요.
거울이나 물체와 들어오는 빛이 이루는 각을 입사각이라고 하고, 반사되는 빛과 물체의 이루는 각을 반사각이라고 합니다.
그리고 이 입사각과 반사각의 크기는 같습니다.
굴절은 빛이 밀도가 다른 물질을 만나면 꺾어서 갑니다.
이 굴절되는 빛과 물질의 면이 이루는 각을 굴절각이라고 합니다.
분산은 프리즘에 빛을 쏘이면 빛이 여러 가지 색으로 분산되는 것을 통해 알 수 있습니다.
합성은 이 분산된 빛이 다시 합쳐지는 것을 말합니다.

톰슨은 외과 진료나 수술을 할 때 X선의 비중을 다음과 같이 말했습니다.

"뢴트겐 및 X선을 외과에 응용하여 효과적인 진단 방법을 외과의에게 제공한 사람들 이상으로 인류의 고통을 없애주는 데 공헌한 사람은 드물다."

현대에 와서 의사들은 X선을 다른 면에서도 이용합니다. 예를 들면 암세포를 죽이거나 무좀도 치료합니다.

또한 공업 분야에서도 X선의 역할은 매우 큽니다. 예를들어 합금에서는 X선을 활용하여 철 조직에 들어 있는 틈이나 구멍을 검출합니다.

톰슨

전자를 발견함(1897)으로써 원자구조에 대한 지식을 혁명적으로 변화시키는 데 공헌했습니다. 1906년 노벨 물리학상을 받았고 1908년 기사작위를 받았습니다.

조지프 존 톰슨

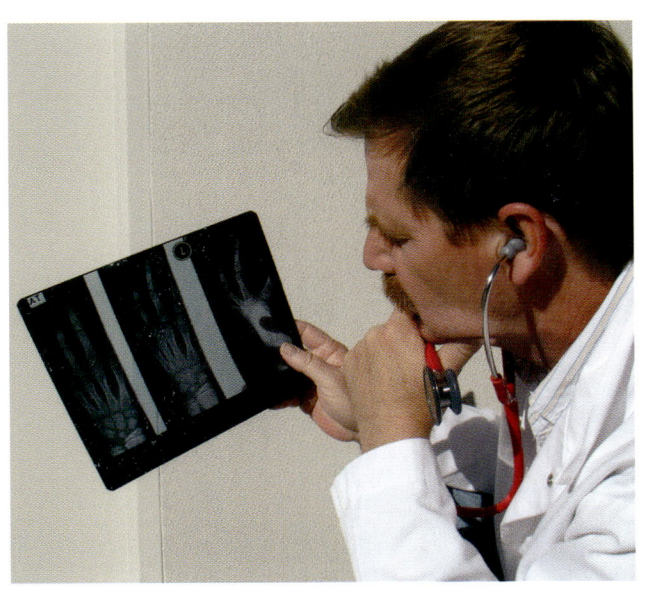

최초로 의대를 세운 헤로필로스

헤로필로스는 인체해부학자이자 생리학자로, 인체 해부를 금지한 중세까지 영향을 미쳤습니다. 그는 인체와 동물의 조직을 비교하면서 해부학적 지식을 넓혔고, 해부에 필요한 기구를 만들기도 했습니다.

해부를 통해 뇌와 신경계통에 대한 지식이 풍부했던 그는 내장기관, 심장, 동맥과 정맥 등의 기능과 구조에 대해서도 연구했습니다. 그래서 지금도 인체에 있는 장기 중 그가 발견하고 이름을 붙인 것이 많습니다.

그의 제자인 에라시스트라토스는 헤로필로스가 이루었던 뇌와 심장에 대한 연구를 더욱 발전시키고 생리학의 기초를 다졌습니다. 이후 갈레노스라는 사람이 이들의 업적을 정리하면서 고대 의학이 완성되었습니다.

갈레노스가 정리한 의학의 기초는 헤로필로스, 에라시스트라토스의 해부학과 생리학이었지만 이들의 연구에 아리스토텔레스가 연구한 동물해부학, 히포크라테스의 철학, 그리고 그리스 문화와 헬레니즘 문화의 철학들을 종합해 의학이라는 하나의 독립된 학문을 만든 것입니다.

히포크라테스의 의학

고대 그리스의 의학은 메소포타미아나 이집트의 의학과는 달리 합리적 의학의 형태로 발전했습니다. 히포크라테스와 그의 추종자들에 의해 집필된 것으로 여겨지는 〈히포크라테스 전집〉은 고대 그리스 의학의 합리적 전통을 이끌어 갈 획기적인 것이었습니다.

히포크라테스의 의학 체계는 치료와 철학적 체계화를 결합한 형태로서, 실력 없는 의사르르 몰아내고 지식에 바탕을 둔 합리적인 의학 풍토를 마련하고자 했습니다. 이에 따라 그들은 성공적인 예측을 강조했는데, 이것은 단순히 의사의 치료 능력을 높이려는 목적뿐만 아니라 저전문의사로서의 이미지를 위해서도 강조되었습니다.

또한 그들은 '기술'을 가진 의사와 그렇지 않은 아마추어와의 구별을 강조했고, 의료 시술자들 사이의 자율적 규제도 시도했습니다. 지금도 전해지는 히포크라테스 선서는 바로 그런 전통을 이어받은 것입니다.

히포크라테스 의학 체계는 피, 점액, 황담즙, 흑담즙 등 신체를 구성하는 4개의 체액이 존재한다는 4체액설로 이루어져 있는데, 이 체액 사이의 불균형으로부터 병의 원인을 찾았습니다. 4체액은 성질상으로는 뜨거움·차가움·습함·건조함을, 계절상으로는 봄·겨울·여름·가을 등을 나타냈습니다.

히포크라테스 학파들은 치료를 위해서 질병뿐만 아니라 환자도 연구해야 한다고 주장했으며, 질병에 대한 기후나 계절 변화의 영향에 대해서도 연구했던 것으로 알려져 있습니다.

07 일곱 번째 이야기

지혜로운 엄마가 들려주는 과학 이야기

보이지 않는 세계, 감춰진 힘을 찾아서

◀ 미시세계 이야기

세상의 만물은 무엇으로 이루어져 있을까?

과학의 시작은 어디일까? 이 질문에 가장 크게 고민하는 부분은 과학을 발명의 시작으로 보아야 하는지, 새로운 무엇인가를 발견한 것에 의미를 두어야 하는지, 아니면 현대 과학에 가장 중요한 역할을 한 계기에서 찾아야 하는가입니다. 어떤 시각이든 모두 중요한 역사적 의미가 있고, 현재 우리가 살고 있는 세상에 나름대로 미친 영향이 적지 않습니다. 그 중요성을 구분하기가 쉽지 않지요. 그러면 아주 오래 전부터 현대까지 끊임없이 논란이 되어온 질문으로 관심을 돌려보면 어떨까요?

이러한 문제를 거론할 때 가장 먼저 떠오르는 것.

'만물은 무엇으로 만들어진 것일까?'

　아주 오래된 근본적인 질문입니다. 여러분의 할아버지의 할아버지, 그 할아버지의 할아버지… 이러한 의문의 시작을 알기란 참으로 어렵지요.
　그럼 이 문제에 대한 대답은 맨 처음 누가 했을까요? 여러분도 많이 들어보았을 것입니다.

　탈레스는 만물의 근원을 물이라고 했습니다. 아낙시만드로스는 끝이 없는 무엇이라고 말했습니다. 또 아낙시메네스는 만물을 이루는 근본 물질은 공기라고 했습니다.

　그 외에 파르메니데스는 어떤 물질이 다른 어떤 물질로 변하는 것은 불가능한 일이라고 주장했습니다. 엠페도클레스는 흙과 물과 공기와 불이 만물을 이루는 물질이며, 이 네 가지 물질은 절대 변하지 않고 이것들이 섞여서 우리 눈에 보이는 여러 가지 물체가 된다고 주장했습니다.

데모크리토스는 눈에 보이지 않는 무수히 많고 다양한 원자들이 모여서 갖가지 물체를 이룬다고 주장했습니다.

하지만 데모크리토스가 말한 원자는 현대 과학에서 밝혀진 원자의 개념과는 많이 다릅니다.

만물의 근원이 되는 물질에 대한 고민은 중세 시대를 지나면서 묻혀버립니다. 데모크리토스 이후 원자설은 무려 2,200년이라는 세월이 흐른 후에야 돌턴이라는 사람에 의해 다시 되살아납니다.

데모크리토스

하지만 돌턴이 생각한 원자는 데모크리토스가 생각한 더 이상 쪼갤 수 없다는 의미의 atom은 아니었습니다. 왜냐하면 19세기가 채 가기도 전에 원자 내부에는 원자보다 더 작은 또 다른 입자가 들어 있다는 사실이 밝혀졌기 때문입니다.

원자의 구조가 밝혀지기 시작한 것은 19세기 말경부터입니다. 많은 과학자들은 이때부터 원자의 구조에 대하여 본격적인 연구를 하였습니다.

영국의 러더퍼드(1871~1937)가 실험에 의하여 원자의 모형

돌턴의 원자 모델

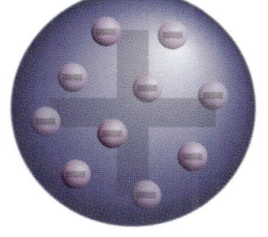
톰슨의 원자 모델

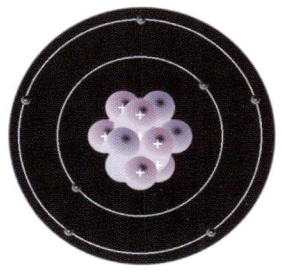
러더퍼드의 원자 모델

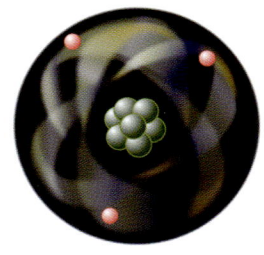
현대의 원자 모델

을 발견하였습니다. 그가 발견한 원자의 모형은 태양을 중심으로 하여 지구나 화성 같은 행성이 그 주변을 돌고 있는 작은 우주와 같았습니다.

러더퍼드의 원자 모형의 발견에 힘입어 20세기에 들어와서 많은 과학자들은 원자는 다시 몇 가지 입자로 구성되어 있다는 확신을 갖습니다. 그 결과 오늘날과 같은 원자 구조를 알게 되었습니다.

원자를 쪼개다

원자(atom)의 어원은 '쪼개지지 않는다'는 뜻의 그리스어입니다. 근대적인 원자설이 나오기 전까지 사람들은 오랫동안 원자는 단단한 당

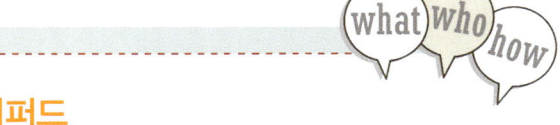

러더퍼드

러더퍼드는 뉴질랜드에서 태어나 케임브리지 대학을 졸업한 뒤, 1919년 케임브리지의 캐번디시 연구소 소장이 되었습니다. 우라늄 등의 방사성 원소에서 나오는 방사선이 세 종류라는 것을 밝혀 냈고, 방사성 원자는 변한다는 것을 증명했습니다. 또한, 눈에 보이지 않는 원자의 구조를 연구하였는데, 그는 원자는 한가운데에 있는 원자핵과 그 둘레를 돌고 있는 전자로 이루어져 있음을 주장했습니다.

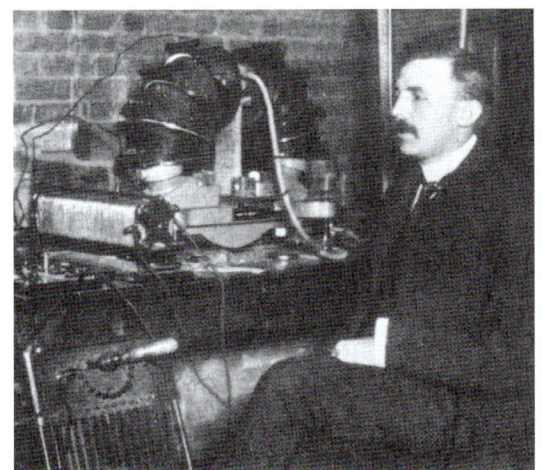
실험실의 러더퍼드

구공 같은 모양이며, 더 이상 쪼갤 수 없는 물질의 최소 단위라고 믿었습니다.

그 후 현재 쓰이고 있는 원자의 의미는 돌턴이 확립했습니다. 화학 반응에 의해 더 이상 나누어지지 않는 기본 단위를 상정하여 수많은 화합물의 성질을 간단하게 설명했습니다. 그러나 돌턴이 원자라고 생각한 것들 중에는 지금의 의미로는 원소인 것들이 많습니다.

존 돌턴

이러한 원자의 인식을 깨뜨린 것은 1897년의 일이었습니다.

영국의 조셉 톰슨은 원자 내부에 질량이 수소 원자의 1/1000 정도밖에 되지 않고 음의 전기를 띤 아주 작은 입자, 즉 전자가 존재한다는 것을 알아냈습니다.

그는 원자가 양전하를 띠고 있는 양성자 속에 전자가 식빵 속의 건포도처럼 박혀 있다고 주장했습니다. 이는 전자의 발견으로 인해 돌턴의 원자 모형에서 전기적으로 양성을 띤 부분과 전기적으로 음성을 띤 전자를 구별했다는 점에서 그 의의를 찾을 수 있습니다.

하지만 뒤이은 원자핵의 발견은 "원자핵 주변에서 전자가 어떻게 분포하는가?"라는 원자 구조의 근본적인 문제를 낳았습니다.

이후 러더퍼드는 자신의 금속박막 산란 실험에서 박막의 특정 영역에서만 알파선이 산란되는 것을 보고 원자 질량의 대부분을 차지하는 양성자는 원자 내부에 작게 뭉쳐져 있고 그 바깥쪽으로 전자가 넓게 퍼져 공전한다는,

돌턴의 원자설

존 돌턴은 영국의 화학자이자 물리학자입니다. 처음으로 원자설을 제안한 그는 만물이 원자로 구성되었다 주장하고 다음의 가설을 세웠습니다.
그 첫 번째가 원자는 더 이상 쪼개질 수 없다는 것입니다. 그리고 다음으로는 원자는 다른 원자로 바뀔 수 없으며 없어지거나 생겨날 수 없다는 것이고, 같은 원자는 일정한 질량값을 갖는다는 것입니다.
또한 화학반응에서 질량은 보존된다고 했습니다. 그러나 현재 그의 가설 중 3개는 실험결과 틀린 것으로 판명되었습니다.
원자는 양성자, 중성자 등 원자보다 작은 입자로 구성되어 있어 쪼개질 수 있습니다.
그리고 핵분열이나 핵융합에서처럼 원자는 다른 원자로 바뀔 수 있습니다. 마지막으로 동위원소는 성질은 거의 같으나 질량값은 다른 것으로 밝혀졌습니다.

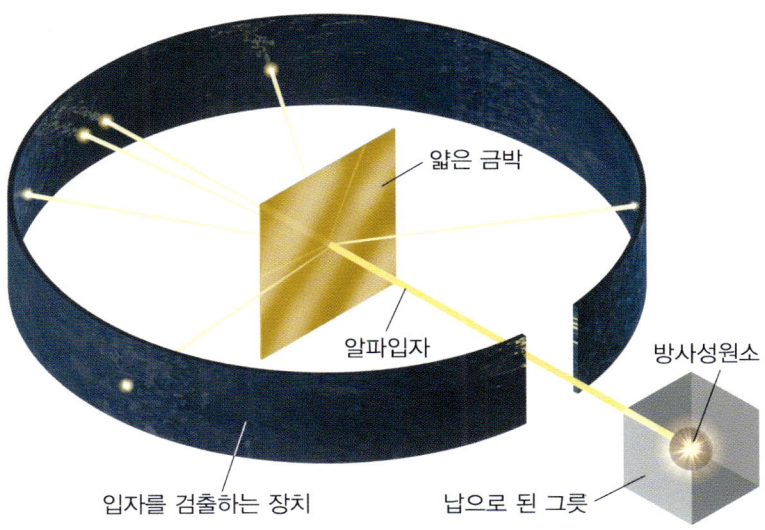

러더퍼드는 당시 우라늄 같은 방사성 원소는 일정하게 알파입자라는 것을 내보낸다는 것을 알고 있었습니다. 러더퍼드는 납으로 된 그릇에 방사성 원소를 놓고 이것을 막은 후 얇은 금박을 향해 작은 구멍을 만들어 그곳으로 알파 입자가 빠져나가게 했습니다 그러자 빠져 나간 입자는 금박을 모두 통과하지 않고 일부는 무엇엔가 부딪힌 것처럼 튕겨져 나온 것을 발견했습니다. 그것은 바로 원자의 핵이었습니다.

닐스 보어

마치 태양계의 행성 모델과 흡사한 원자 구조를 주장하였습니다.

그렇지만 러더퍼드의 원자 모형은 전자가 원자핵 주위를 공전하면서 전자기파를 방출하고 양성자로 떨어져야 한다는 모순을 안고 있었습니다.

닐스 보어는 이를 설명하기 위해 전자가 허용된 특정 궤도에만 존재할 수 있다는 양자화 가설을 내놓았습니다. 이러한 모순점을 해결하는 과정에서 양자역학이 탄생했다고 볼 수 있습니다.

특히 닐스 보어의 원자 구조는 최외각 전자들의 분포를 통해 화학 결합의 원리, 주기율표에서 여러 물질들이 비슷한 특성을 보이는 이유 등을 이론적으로 이해할 수 있는 바탕이 되었습니다. 또한 전자의 발견은 양성자, 중성자, 중성미자, 양전자 등 수많은 소립자 발견의 신호탄이기도 했습니다.

이러한 소립자들을 통해 우리는 물질과 자연에 존재하는 여러 가지 힘들을 새로운 방식으로 이해할 수 있게 되었답니다.

우리 주변에서도 전자를 이용한 기술들을 쉽게 찾을 수 있습니다. 전자는 입자-파동의 이중성을 가지는데, 특히 전자의 파동성에 기반을 둔 전자현미경을 이용하면 물질의 분자를 관찰할 수 있습니다. 또 TV의 음극관은 금속을 가열할 때 광전자가 방출되는 효과를 이용한 것입니다.

전자기학의 토대가 된 맥스웰 방정식

과학사를 살펴보면 뛰어난 과학자였으면서도 연구 분야가 일반 사람들이 접근하기 어려운 학문이거나 학문 자체가 대중과 가깝지 않다는 이유로 그 업적이 잘 알려지지 않은 인물들을 가끔 발견할 수 있습니다.

그런 대표적인 인물로 맥스웰을 꼽을 수 있습니다.

아인슈타인은 맥스웰을 뉴턴

TV 브라운관의 원리

브라운관은 크게 전자총, 편향계, 형광면으로 이루어져 있답니다. 맨 먼저 기관총 모양을 하고 있는 전자총은 전기를 통하면 열을 발생하는 장치에 의해 용수철 모양의 음극이 가열되어서 전자들이 튀어 나오도록 합니다.

이 전자들은 음극의 성질을 가지고 있어 양극쪽으로 나아가려고 합니다. 우리가 자석에서 같은 극끼리는 밀어내지만 음극과 양극은 서로 달라붙는 원리와 같은 것이지요. 전자총의 끝 부분에는 양극이 있어 이러한 전자들의 방향을 잡아 전자선을 만들게 됩니다. 형광면 역시 양극의 성질을 가지고 있어 전자들은 당연히 화면쪽으로 향하게 됩니다. 이러한 전자들을 모아서 전자선이 형성되면 다음에는 편향계로 넘어갑니다.

편향계에서는 이 전자선의 방향을 바꾸어 전자들이 형광면의 여러 부분에 도달하게 하는 역할을 합니다. 그리고 이 전자들을 받은 형광면은 빛을 내는 형광물질이 칠해져 있답니다. 그래서 전자선의 강도에 따라 형광면은 밝기가 달라지는 것입니다. 그리고 이 형광면에서 보이는 그림은 1초에 25~50개까지 보인답니다.

전자선이 이처럼 빨리 지나가면서 화면에 영상을 만들어 내는 원리는 간단한 실험을 통해서도 가능합니다.

먼저 둥그런 원판에 돌아가면서 순차적으로 구멍을 뚫습니다. 그리고 난 다음 전구와 원판, 화면으로 쓸 벽의 순으로 배열한 다음 전구의 불을 켜고 원판을 돌리면 벽에 그림이 나타나게 되는데 이처럼 브라운관에도 전자선이 빠르게 지나가면서 전체의 상이 나타나게 되는 것입니다.

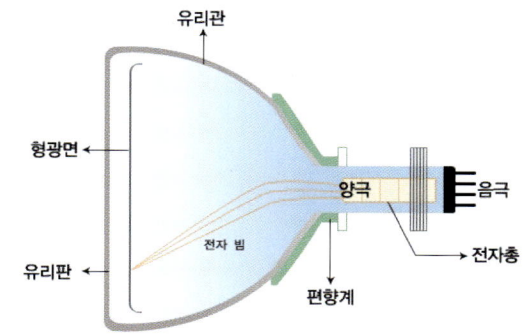

맥스웰

이래 가장 심오한 결실을 맺은 이론 물리학자라고 말했습니다.

다시 말해 그는 과학사에서 뉴턴과 아인슈타인의 중간쯤에 위치하는 최대의 이론 물리학자라고 하는 것이 옳습니다. 그가 발견한 맥스웰 방정식, 즉 네 개의 방정식은 오늘날 뉴턴의 운동법칙, 아인슈타인의 상대성 원리와 함께 물리학사상 가장 중요한 이론으로 꼽힙니다.

그가 발견한 전자기 이론의 결정체인 '맥스웰 방정식'은 아인슈타인의 '상대성 원리'의 토대가 되었는데, 두 가지 이론 모두 너무나도 간단명료한 도식으로 압축됩니다. 맥스웰의 전자기 법칙은 아인슈타인의 대전제라고도 불립니다.

그 대전제란 아인슈타인의 상대성 이론은 맥스웰 방정식이 제시하는 물리량의 수학적 형태가 물체의 운동에 상관 없이 그대로 적용되어야 한다는 생각에서 출발했다는 것입니다.

　전기와 자기에 대한 연구는 맥스웰 이전부터 광범위하게 있었는데 맥스웰이 생존한 당시에는 이 두 현상을 통합할 수 있는 이론에 대해서는 실마리조차 찾지 못하고 있었습니다. 맥스웰은 바로 이 두 가지를 통합할 수 있는 미분방정식을 발견했습니다.

　그가 발견한 네 개의 방정식으로 인해 광학과 전기학 및 자기학은 비로소 동일한 선에 놓고 이해하고 해석하고 연구할 수 있는 터전이 마련되었습니다.

　이후 이론물리학이나 응용물리학 분야에서 그가 이룩한 연구 성과의 영향은 상상할 수 없을 만큼 엄청납니다.

그의 방정식에 따르면 전자기파의 속도는 초당 30만 ㎞로 빛의 속도와 같습니다. 빛이 일종의 전자기파로 설명될 수 있는 기반이 그에 의해 비로소 마련된 것입니다.

헤르츠

　파장 중에는 가시광선 외에 주파수가 다른 별개의 전자기파가 있다는 것도 맥스웰의 방정식으로 증명되었습니다. 이것은 그의 사후 8년이 지난 1887년 독일의 천재 물리학자 헤르츠(1857~1894년)이 겨우 입증했답니다.

　그로부터 2~3년 뒤 마르코니는

진동수의 단위를 말합니다. 1초 동안의 진동 횟수로 독일의 물리학자 헤르츠(Hertz, H.R)의 이름에서 유래되었습니다. 기호는 Hz로 표시하고 있습니다.

맥스웰의 이름을 딴 망원경

이 전자기파를 이용하여 유명한 「무선전신」을 발견했습니다. 엑스선, 감마선, 적외선, 자외선 등도 그의 이론에 의해 충분히 예견되었던 것들입니다. 라디오와 TV가 발명된 것도 맥스웰이 이론적 배경을 제공했다고 해도 과언이 아닙니다.

전기 신호를 소리로 바꾸다

현대인의 필수품들을 나열할 때 절대 빠지지 않는 것이 바로 전화기입니다. 지금은 핸드폰이 대중화되면서 MP3 기능과 카메라, 인터넷 등 다양한 기능이 탑재되어 있어 핸드폰 하나면 모든 것을 해결할 수 있는 세상이 되었습니다. 하지만 이러한 핸드폰이 등장한 것은 그리 오래 전의 일이 아닙니다.

지금의 핸드폰으로 발전한 전화기가 세상에 등장하기 전까지만 해도 편지가 그 역할을 했고, 위기 상황이나 특별하게 연락할 일이 생기면 봉화를 통해 알렸습니다. 그 후 여러 가지 통신 수단이 개발되기도 했습니다.

하지만 사람들의 일상생활을 바꾸어 놓은 통신 수단 중 가장 획기적인 것은 뭐니뭐니해도 전화입니다. 전화의 기본 원리는, 전하고자 하는 소리를 여러 가지 주파수의 전기 신호로 바꾸었다가 듣는 사람에게 다시 원래의 소리가 들리도록 전환해서 재생하는 것입니다.

1831년, 영국의 마이클 패러데이가 금속의 진동을 전기 신호로 바꿀 수 있다는 사실을 발견해서, 전화의 이론적 기초를 마련했습니다.

페러데이

마이클 패러데이는 전자기학과 전기화학 분야에 큰 기여를 한 영국의 물리학자이자 화학자입니다.

패러데이는 직류 전류가 흐르는 도체의 자기장에 대해 연구하여 이에 대한 기초를 세웠습니다. 그는 전자기유도, 반자성 현상, 그리고 전기 분해를 발견했으며, 또한 자성이 광선에 영향을 미칠 수 있다는 것과, 그들 사이의 근본적인 관계가 있다는 것을 확립했습니다. 그가 발명한 전자기 회전 장치는 전기 모터의 개발을 이끌었고, 결국 이를 계기로 전기를 실생활에 사용할 수 있게 되었습니다.

하지만 1861년까지는 그 누구도 이 원리를 이용하여 소리를 전기 신호로 바꾸어 전송하지는 못했습니다.

그러던 중 요한 필리프 라이스가 1876년에 소리를 전기적인 신호로 바꾸었다가 이것을 다시 소리로 전환하는 간단한 장치를 고안했습니다.

그러나 지금의 전화기 방식과는 달리 매우 조잡하여 일정한 주파수만 전송할 수 있었습니다.

그 후 미국의 엘리샤 그레이와 스코틀랜드 태생의 알렉산더 그레이엄 벨이 최초로 상용화할 수 있는 전화를 독자적으로 개발했니다. 재미있는 사실은 두 사람이 같은 날 특허를 신청했는데, 벨이 그레이보다 두 시간 빨리 신청하는 바람에 벨에게 특허권이 주어졌다고 합니다.

벨이 전화기를 발명한 후 본격적인 상용화 단계에 들어가 전화 교환국이 설치되었는데, 코네티컷 주의 하트포드에 설치된 최초의 전화 교환국이 연결한 두 도시는 미국의 뉴욕과 보스턴이었습니다.

그레이엄 벨

미국 외에 최초로 전화 교환국이 설치된 곳은 1879년 런던이었는데, 교환국에는 커다란 스위치판이 설치되어 있었고 교환수가 걸려오는 전화를 받아 수동으로 전화 받을 곳에 연결해 주었습니다.

얼마 전까지만 해도 거리에서 많이 볼 수 있었던 동전을 넣는 공중전화기는 1889년 하트포드의 윌리엄 그레이의 특허입니다. 그리고 최초의 다이얼식 전화기는 1923년 프랑스의 안토니 바르네가 개발했습니다.

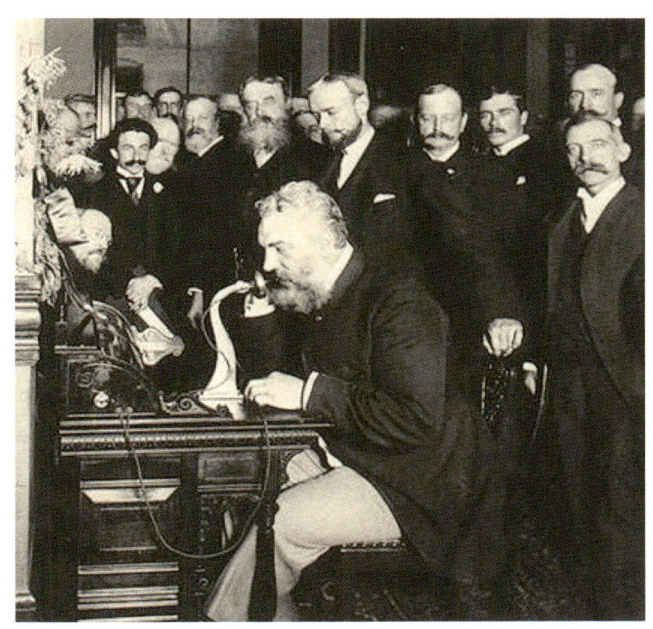
처음 전화기를 선보이고 있는 벨

이동 전화는 벨 전화회사에서 개발하여 1924년 뉴욕 시경이 처음 사용했습니다. 1946년에는 최초의 상업적인 이동 전화가 미주리 주의 세인트루이스에서 사용되었지만, 그 후 40년이 지나도록 일반화되지는 못했습니다.

1978년 벨 연구소는 미국 전화전신회사(AT&T)를 설립하여 미국 전역을 육각형의 셀로 나누는 방식의 이동 전화 시스템을 연구하기 시작했습니다.

이것은 통화하는 사람이 탄 자동차가 어느 영역에서 다른 영역으로 이동하면 자동 전환 시스템이 작동하여 다른 셀로 교

체되어 전파 방해 없이 부드럽게 연결해 주는 방식이었습니다. 그 후 셀룰러 방식의 전화 시스템이 1981년 미국 전역에 보급되었습니다.

새로운 힘의 발견, 양자역학

19세기 중반까지의 과학적인 실험은 뉴턴의 고전역학으로 설명할 수 있었습니다.

19세기 후반부터 20세기 초반에 걸쳐 이루어진 전자, 양성자, 중성자 등의 원자와 같은 작은 세계를 이해하려는 실험들의 결과는 고전역학으로 설명을 시도할 경우 도저히 설명할 수 없는 것들이 나타나기 시작했습니다.

예를 들면 퀴리부인이 정제한 라듐에서는 빛도 나오고 입자들도 나오는가 하면 에너지도 쏟아져 나옵니다. 그게 도대체 어디에서 나오는 것일까요? 그동안 확고하게 믿어왔던 에너지 보존 법칙에도 어긋나는 것인데 말입니다.

또한 전자는 중간 지점을 거치지 않고도 한 곳에서 다른 곳으로 이동할 수 있습니다. 어느 순간 사

퀴리부인

퀴리 부인은 방사능 연구의 선구자로서 역사상 그 위치를 확고히 하고 있습니다. 1903년 물리학 분야에서 노벨상을 받음으로써 그녀는 이 상을 수상한 최초의 여성이 되었고, 1911년에는 화학 분야에서 두 번째의 노벨상을 수상했습니다.

라졌다 전혀 다른 지점에서 나타나는것을 발견합니다.

결국 이렇게 수많은 과학자들에게 혼란을 주던 작은 원자의 세계에 대해 막스 프랑크라는 사람이 양자론이란 이름으로 설명했습니다.

막스 프랑크가 그의 이론에서 에너지는 양자라는 다발에서 발생한다고 정의하면서 눈에 보이는 모든 현상들을 설명할 수 있게 되었습니다.

그 후 양자역학은 막스 플랑크의 양자 가설을 계기로 하여 에어빈 슈뢰딩거, 베르너 하이젠베르크, 폴 디랙 등이 더욱 탄탄하게 구축했습니다.

슈뢰딩거에 의해 양자론은 더욱 발전하게 되었는데, 이전에 우주를 구성하는 가장 작은 작은 단위를 원자라고 보았고, 그리고 그 원자는 볼링공처럼 생겼다고 생각했

막스 프랑크

슈뢰딩거

오스트리아의 이론물리학자(h) 물질의 파동이론과 양자역학의 다른 기초들을 세우는 데 기여했습니다. 영국의 물리학자 P. A. M. 디랙과 공동으로 1933년 노벨 물리학상을 수상했습니다.

는데, 문제는 이 볼링공이 어떻게 파동성을 가지느냐 하는 것이었습니다. 이러한 문제에 대해 1925년 슈뢰딩거는 전자의 운동을 지배하는 파동방정식을 내놓아 드디어 원자의 세계까지 자유롭게 들여다볼 수 있게 되었습니다.

이렇게 양자역학은 고전역학으로 설명되지 않는 현상에 대한 정확한 설명을 제공합니다. 양자역학의 효과는 거시적으로는 관측이 어렵지만, 원자 또는 그보다 작은 영역에서는 분명하게 나타납니다.

이는 미시 세계를 이해할 이론적 틀을 제공하는 동시에 오랫동안 믿어온 생각을 수정하게 만들었습니다.

고전역학의 체계에서는 운동방정식만 알면 그 물체의 과거와 미래를 정확하고 결정적으로 기술할 수 있습니다. 예를 들어 자동차가 어떤 속도로 어떤 조건에서 출발했는지를 알면, 어느 시각에 어디를 지나게 될지를 정확하게 알 수 있습니다.

그러나 양자역학에 따르면 파동 방정식을 풀더라도 특정한 시각에 특정한 위치에서 소립자를 관찰할 확률만을 알 수 있을 뿐입니다.

또 관찰을 시도한다 해도 불확정성 원리에 의해 입자의 운동량과 위치를 동시에 정확하게 측정할 수는 없습니다.

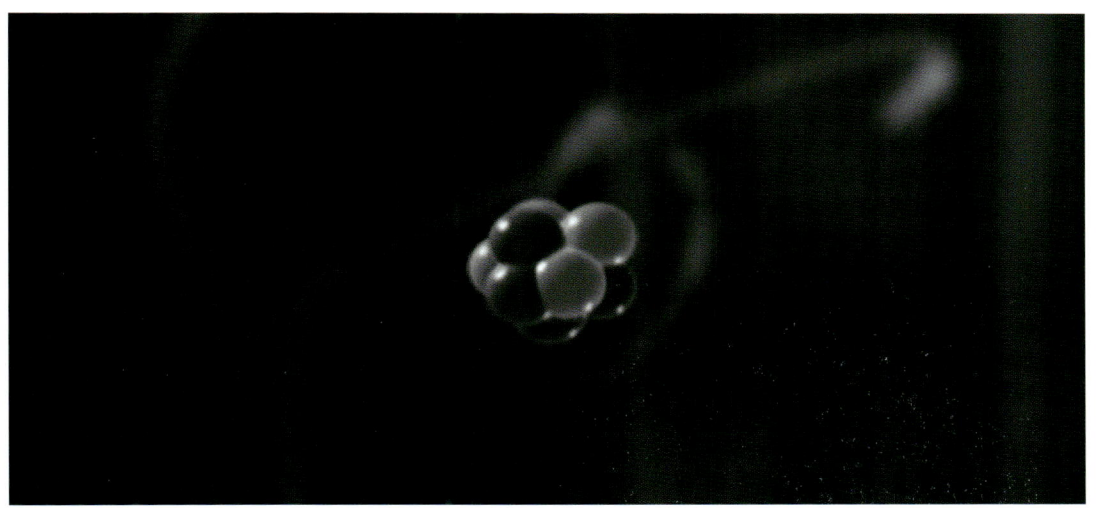
양자역학은 원자와 같은 작은 세계에서 일어나는 일을 설명할 수 있습니다.

양자역학에서 물질의 본성은 관찰 방법에 의존합니다. 즉, 빛과 입자는 입자-파동의 이중성을 띠지만, 현실에서는 관찰 방법에 따라 입자나 파동 중 한 가지로만 나타납니다.

이와 같은 양자역학의 결론을 이해하기란 쉽지 않습니다. 그러나 양자역학을 통해 미시 세계를 이해하고 이용할 수 있습니다. 그 대표적인 예가 원자핵 에너지나 반도체의 전기적 성질에 관한 연구입니다.

반도체

반도체란 말 그대로 반은 도체, 반은 부도체를 말합니다. 외부의 힘에 의해서 도체가 되고 안되고 하는것을 말하는데 그런 물체들은 여러가지가 있습니다. 흔히 우리가 알고 있는 Si(규소)가 있고 , 그 외의 여러 화합물이 있습니다.

빛의 이중성

빛은 입자의 성질과 파동의 성질을 모두 갖고 있습니다. 과학에서 말하는 입자현상은 주로 원자 속의 핵이나 전자 또는 분자들의 운동과정을 말하고 있습니다. 간단이 말하자면 작은 알갱이들이 음직이는 과정이라 할 수 있습니다. 마치 총알이 나간다던가, 야구공이 담장을 넘는다던가하는 것이지요.
파동현상이란 호수가에 돌을 던지면 작은 파도가 일어나는데 이 파도 때문에 작은 종이배나 나뭇잎이 음직일 것입니다. 과학적으로 파동현상이란 빛이나 소리 그리고 각종 전파들의 의하여 빚어지는 모든 과정을 말하는 것입니다. 예를 들자면 무지개, 소리, 라디오전파, 등 우리 주변에서 많이 볼 수 있는 것입니다.

고대 그리스의 원자론

데모크리토스

고대 그리스에서는 가장 일반적으로 불, 공기, 물, 흙이 세상을 이루는 근본 물질이라고 이야기했습니다. 이것을 4원소설이라고 합니다. 그런데 플라톤과 아리스토텔레스는 이 4원소에 5번째 원소를 더해 5원소설을 내놓았습니다.

플라톤은 당시 불멸의 원소라고 알려진 에테르가 제5원소라고 했습니다. 하지만 현대과학에서 제5원소는 존재하지 않는 것으로 밝혀졌습니다. 아리스토텔레스 이후 이러한 물질에 대한 생각을 발전시킨 사람들이 바로 데모크리토스를 중심으로 한 원자론학파입니다. 데모크리토스는 '물질은 더 이상 쪼갤 수 없는 입자로 되어 있다'고 생각했습니다. 원자를 뜻하는 아톰(Atom)은 그리스어로 '더 이상 쪼갤 수 없다'는 뜻을 가지고 있습니다.

데모크리토스는 스승인 레우키포스와 함께 고대의 원자론을 만들어 냈습니다. 그가 말한 원자는 너무 작아서 보이지 않는 물질로서 일정한 크기가 있고, 사라지지도 않으며, 더 이상 나눌 수도 없다고 했습니다.

그가 생각한 원자를 금에 비유하면, 금을 작은 조각으로 계속해서 자르면 금의 성질은 그대로 가지고 있으면서도 더 이상 자를 수 없는 조그만 금 알갱이가 될 것이라고 생각한 것입니다. 모양과 크기만 달라졌을 뿐 성질은 그대로 존재한다는 것입니다.

데모크리토스는 우주도 원자에 의해 만들어진 것이라고 생각했습니다. 우주의 물질은 크기와 형태가 다른 원자로 만들어졌는데 그중 무겁고 큰 것은 아래로 가라앉아 땅이 되었고, 가벼운 것은 위로 올라가 공기·불·하늘이 되었다는 것입니다. 그는 이 원자가 끝도 없는 공간에서 서로 부딪히다 결합해 세상을 만드는 모든 물질이 된다고 믿었습니다. 그리고 그 원자가 분리되면 만물은 사라진다고 했습니다. 그러나 이러한 그의 생각에 어떤 과학적 증거가 있는 것은 아니었습니다.

그가 죽은 지 약 2천 년이 지나서야 과학적 검토가 이루어지기 시작했습니다. 영국의 화학자 보일은 고대의 4원소설을 거부하고 새로운 개념을 내놓았습니다. 모든 물질은 그것을 분해했을 때 더 이상 분해할 수 없는 원시적이면서 단순한 물질에 도달하는데, 이것이 바로 원소라는 것입니다.

사실 보일의 주장 이전의 고대 철학자나 연금술사는 상상 속에서 추리에 의해 원소와 원자라는 개념을 생각했는데, 보일 이후에는 상당한 과학적 근거를 갖고 원소를 설명하기 시작했습니다.

물질에 대한 연구는 훗날 연금술사들의 실험에 의해 많은 부분이 밝혀집니다

지혜로운 엄마가 들려주는 과학 이야기

생명의 법칙, 생명의 숨은 비밀들

◀ 진화와 유전

인류의 조상을 찾아서

코페르니쿠스의 지동설과 더불어 다윈의 진화론은 인류의 자존심을 추락시킨 2대 이론으로 꼽히곤 합니다.

지동설이 지구와 인간을 우주의 중심으로부터 밀어낸 것처럼, 다윈은 인간이 신의 형상을 본떠 만들어진 것이 아니라 원숭이를 닮은 조상으로부터 진화했다고 주장함으로써 격렬한 종교적·윤리적 논쟁과 엄청난 반향을 불러일으켰습니다.

다윈의 이론은 생물이 진화한다는 사실 자체를 처음으로 제시한 것은 아니었지만, '자연선택'이라는 메커니즘을 구체적이고 체계적으로 제시함으로써 인류 과학사에 큰 혁명을 가져왔습니다.

자연선택설은 생물의 어떤 종의 개체 간에 변이가 생겼을 경우, 그 생물이 생활하고 있는 환경에 가장 적합한 것만이 살아남게 되고 부족한 것은 도태된다는 개념입니다. 다시 말해서 개체 간에 끊임없이 경쟁이 일어나고 자연의 힘으로 선택이 반복된 결과 진화가 이루어진다는 설이지요.

다윈은 1809년 영국 잉글랜드 서부에 있는 실즈베리의 부유한 의사 집안에서 태어났습니다. 아버지의 뜻에 따라 의학을 공부하기 위해 1825년에 에딘버러 대학에 입학했으나 의학 공부에 흥미를 느끼지 못해 채집과 표본 조사로 시간을 보내다가 결국 학교를 중퇴했습니다.

그 이후 아버지의 권유에 의해 목사가 되기 위해 다시 케임브리지 대학에 진학한 후 지질학과 생물학에 깊이 매료되었고, 식물학 교수인 J. 헨슬로와 친분을 맺어 지도를 받았답니다.

찰스 다윈

비글 호

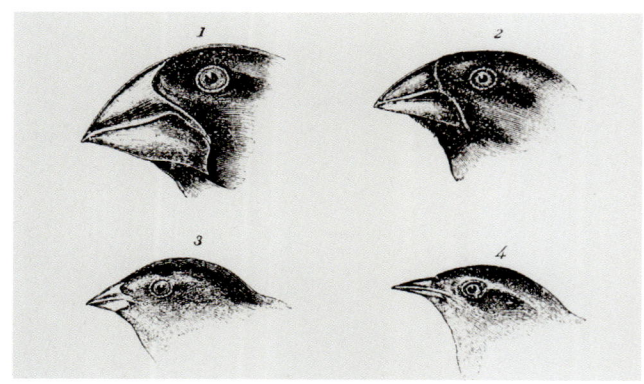

다윈은 새의 부리가 사는 곳, 먹는 먹이에 따라 다르게 진화한다는 것을 알아냈습니다.

다윈은 1831년 박물학자로서 영국 해군의 조사선인 비글호에 승선하여 이후 5년간 남아메리카와 남태평양의 여러 섬과 오스트레일리아 등 세계 각지를 항해하면서 탐험을 했습니다. 그동안에 동물들의 상이나 지질 등을 폭넓게 조사하였으며, 후에 진화론을 주장하는 데 기초가 되는 자료들을 모았습니다.

그는 특히 갈라파고스 군도에서 나타나는 독특한 군집과 한 종에서 나타나는 다양한 형태를 보고, 그처럼 형태가 조금씩 다른 것은 원래 그렇게 창조되었기 때문이 아니라 지리적인 환경의 차이에서 비롯되었다고 생각했습니다. 비글호 항해를 마치고 돌아온 1837년 무렵부터 다윈은 생물이 진화한다는 생각을 굳히고 있었으며, 진화의 메커니즘이 다름 아닌 '경쟁'이라고 보았습니다.

그는 1839년에 《비글호 항해기》를 출판해 여행 중의 관찰 기록을 발표하면서 진화론의 기초를 만들었습니다. 또한 지질학상의 문제, 산호초의 생성 원인에 대한 연구에도 착수했습니다.

다윈의 진화론은 19세기 말에 정립된 생물학의 출현에 큰 영향을 주었으며, 자연관과 세계관에도 영향을 미쳤습니다.

그리고 인간의 사고를 지배하는 위대한 이론으로서 지금도 논쟁이 끊이지 않는 과학 이론의 하나입니다.

유전학의 아버지, 멘델

'난 엄마를 닮았고 동생은 아빠를 닮았어요.'

이와 같이 우리는 성격이나 얼굴의 생김새가 비슷할 때 '닮았다'고 말합니다.

닮았다는 말은 부모로부터 무엇인가를 물려받았을 때 쓰는 말로, 흔히 유전이라고 합니다.

우리가 알고 있는 유전법칙을 처음 발견한 사람은 멘델이었습니다. 멘델의 유전법칙은 한 아마추어 과학자의 끈질긴 관찰에 의해 이룩된 인류의 큰 자산 중의 하나입니다. 처음 유전법칙을 세상에 발표했을 때 사람들은 그의 주장을 무시했고 그러다가 점차 잊혀져 갔지만, 십여 년이 지난 후 그 가치를 인정했고, 오늘날 유전학의 기본적인 토대가 되었습니다.

멘델

체코의 슐레지엔에서 부유한 농부의 아들로 태어난 멘델은 지방

학교에서 공부한 뒤 수도원에 들어가 그곳에서 독일 빈 대학의 청강생으로 공부할 기회를 얻었습니다. 귀국하여 상급학교에 진학하기 위해 입학시험에 도전했으나 결국 실패하였습니다.

**은둔 생활을 하던 중 수도원 뜰에서 완두콩 교배실험을 통해 1865년 세 가지 유전법칙, 즉 분리의 법칙, 독립의 법칙, 우성의 법칙을 발견했습니다.
하지만 당시 그 이론은 거부당했으며, 그가 죽은 후에야 비로소 받아들여졌습니다.**

1851년부터 3년 동안 빈 대학에서 수학과 자연과학을 공부한 멘델은 1854년부터 14년간은 수도원에서 생활했습니다. 그의 유명한 완두콩 실험은 수도원에서 이루어졌습니다. 1856년부터 시작한 완두콩 교배 실험 결과를 정리하여 1865년에 브륀 자연사 학회에 논문을 제

세 가지 유전 법칙

우열의 법칙 : 순종의 대립 형질을 교배했을 때, 잡종 제1대에 우성 형질을 가진 개체만 나타나는 것

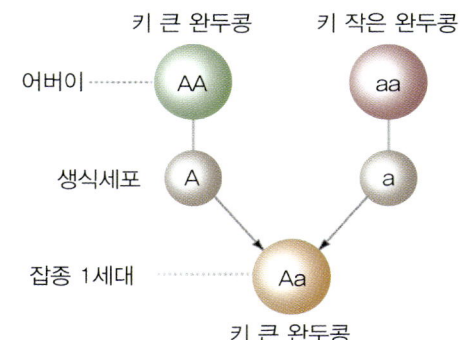

분리의 법칙 : 잡종 제1대( )를 자화 수분시키면 잡종 제1대에 숨어 있던 열성 형질이 나타나 잡종 제2대( )에서 우성과 열성의 형질이 일정한 비(3 : 1)로 나타나는 현상

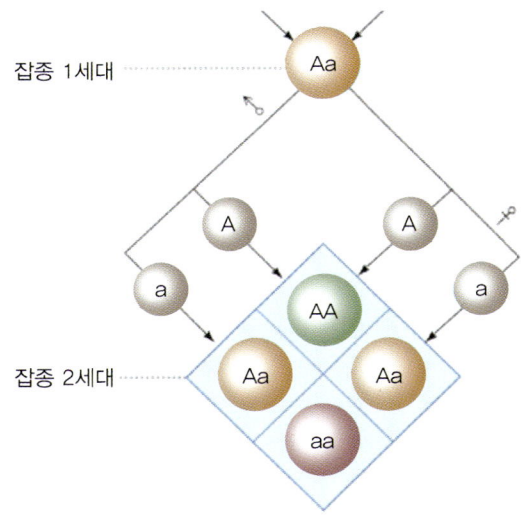

독립의 법칙 : 두 쌍의 대립 형질이 함께 유전될 때, 각각의 형질은 서로 간섭하지 않고 우열의 법칙과 분리의 법칙에 따라 독립적으로 유전되는데, 이를 독립의 법칙이라고 한다.

출했으나, 그의 연구는 거의 주목받지 못했고 낙담한 그는 결국 연구를 단념해야 했습니다.

멘델이 죽은 지 16년이 지난 1900년에 이르러서야 세 명의 식물학자 드 브리스(Hugo De Vries), 코렌스(Carl Correns), 자이제네크(Erich Tschermak von Seysenegg)가 그의 논문들을 재발견했습니다. 이들은 멘델의 논문을 바탕으로 자신들의 실험 결과를 이해하고 체계를 세웠습니다. 멘델에서 비롯된 이 분야의 학문은 이후 영국의 과학자 베이트슨(William Bateson)에 의해 '유전학'이란 용어로 정착했습니다.

생명의 진화와 관련한 연구에서 진화론을 체계화한 공로가 다윈에게 돌아간다면 유전의 법칙을 밝힌 것은 멘델입니다.

유전이라는 부분은 다윈에게 큰 고민을 안겨주었습니다. 역사에 '만약'이라는 것은 없지만, 만약 멘델의 유전법칙이 다윈의 종의 기원과 동시에 발표되었다면 그 후 진화론은 어떻게 발전했을

멘델이 실험으로 알게된 다양한 특성들

까요? 멘델에서 비롯된 유전학은 형질을 전달하는 '유전자'가 발견되고, 급기야 1953년에 왓슨과 크릭이 DNA의 이중나선구조를 발견함으로써 새로운 도약을 하게 되었답니다.

인간의 비밀을 파헤치다

하나의 생물체가 지니는 모든 형질을 다음 세대에 물려주는 유전 현상에 대해 처음으로 체계적인 연구를 진행한 사람은 멘델이었으나 그의 연구 결과는 다른 학자들의 관심을 끌지 못했습니다.

30여 년이 지난 1900년에 들어서서야 몇 명의 학자들에 의해 멘델의 연구가 재발견됨으로써 유전은 생물학계의 중심적인 탐구 주제가 되었습니다.

이후 50여 년간의 연구를 통해 유전자가 DNA라는 사실이 입증되었고, 이에 따라 몇몇 학자들이 DNA의 구조와 기능을 밝히는 데 주력했습니다.

그 결과 1953년 케임브리지 대학 캐번디시 연구소의 왓슨과 크릭이 DNA가 염기들의 상보적 결합으

왓슨과 크릭

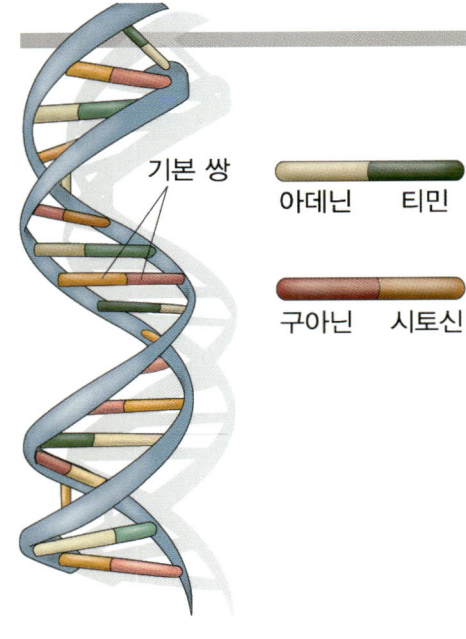
유전자의 모형

기본 쌍
아데닌 티민
구아닌 시토신

로 이루어진 이중나선 구조라는 사실을 밝혔습니다.

왓슨과 크릭의 발견은 단순히 DNA의 구조를 보여주는 데 그치지 않고 다음 세대에 유전자를 전달하기 위해서 필요한 DNA의 복제 기제까지 이해할 수 있게 만들었습니다.

DNA 분자는 2개의 뉴클레오티드 가닥으로 이루어져 있으며, 이들은 서로 꼬여서 비틀어진 사다리 모양을 하고 있습니다. 사다리의 옆 기둥은 당(糖)과 인산으로 이루어져 있으며, 이에 쌍을 이루어

뉴클레오티드

긴 사슬 형태로 이루어 DNA 및 RNA와 같은 핵산을 이룹니다. 그러므로 뉴클레오티드는 DNA 및 RNA를 구성하는 기본 단위라 할 수 있습니다.

염기에는 의 퓨린과 피리미딘의 2가지 형태가 있는데, 퓨린에는 아데닌과 구아닌이 있으며 DNA와 RNA에 공통으로 들어 있습니다. 피리미딘에는 시토신·티민·우라실이 있는데, DNA에는 시토신·티민이 있으며 RNA에는 티민 대신에 우라실이 들어 있습니다. 염기는 영문 이름의 앞 글자를 따서 A·T·G·C·U 등으로 표기합니다. 따라서 DNA는 A·T·G·C의 4개의 염기로, RNA는 A·U·G·C의 4개의 염기로 구성되어 있습니다.

결합하고 있는 질소 염기들이 가로장을 형성합니다.

이러한 염기로는 아데닌(A)·구아닌(G)·시토신(C)·티민(T)이 있습니다. 한쪽 가닥에 있는 A염기는 다른 쪽 가닥의 T염기와 결합하여 A-T 가로장을 만들고, C염기는 다른 쪽의 G염기와 결합합니다.

만약 염기들 사이의 결합이 끊어지면 2개의 가닥은 풀어지게 되고, 세포 안에 유리되어 있던 뉴클레오티드들의 가닥이 분리되어 노출된 염기에 결합하게 됩니다. 유리되어 있던 뉴클레오티드들은 염기 짝짓기 법칙(A는 T와, C는 G와 결합)에 맞추어 각 가닥을 따라 늘어서게 됩니다. 이러한 과정을 통해 하나의 원형으로부터 2개의 똑같은 DNA 분자가 만들어지며, 바로 이런 방법으로 유전 정보가 한 세대의 세포로부터 다음 세대의 세포로 전해집니다.

생물이 한 개체 또는 한 종으로 나타나는 형질들을 결정하는 유전자의 실체를 규명하고, 크릭이 분자생물학의 중심 원리라 부른 'DNA의 유전 정보는 RNA를 거쳐 단백질로 발현된다'는 사실을 확립하면서 생물학은 새로운 시대를 맞이했습니다.

분자생물학이라는 분야가 새로이 탄생하였으며, 이후 DNA를 조작할 수 있게 되면서 생명공학의 시대가 열렸습니다.

what who how 신의 영역에 도전하다

RNA

리보핵산이라고도 불리는 RNA는 뉴클레오티드를 이루는 핵산의 한 종류입니다. 하나의 나선이 길게 꼬여 있는 구조를 지니며 DNA의 일부가 일종의 복사하는 방식으로 만들어집니다. RNA는 단백질을 합성하는 과정에 작용하며 일부 바이러스는 DNA 대신 RNA를 유전물질로 갖기도 합니다. 핵염기로 DNA와 달리 티민 대신 우라실을 갖고 있는데, 최근 RNA 스스로 효소와 같은 기능을 가질 수도 있음이 발견되었습니다. 이것을 라이보자임이라고 합니다.

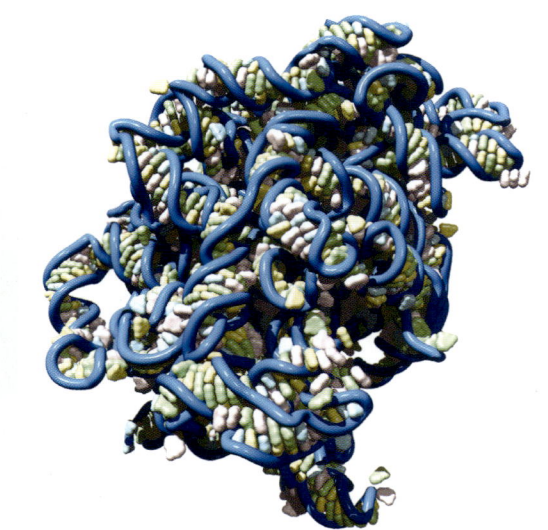

영국 로슬린 연구소의 이안 윌머트 박사와 케이스 켐벨 박사는 성장한 양을 복제시키는 데 성공했습니다. 그 결과를 1997년 2월 27일자 〈네이처〉지에 게재했지요. 1930년대 독일의 발생학자 스페만이 핵 속에 생명체 형성을 위한 모든 정보가 들어 있다고 주장한 이래 복제에 대한 연구를 꾸준히 진행하여 개구리나 소, 양 등을 복제했습니다.

그러나 윌머트 박사팀의 복제는 발생 초기의 수정란을 나누는 기존의 복제와는 달리 다 자란 양의 체세포를 이용한 것이어서 더욱 충격적이었습니다.

만화에서나 있을 법한 이야기, 나와 똑같은 사람을 만드는 일이 가능해진 것입니다. 성급한 언론들은 누구를 먼저 복제할 것인지에 대한 인기투표까지 하는 등 웃지 못할 일까지 생겼답니다.
윌머트 박사는 6살 된 양의 유방에서 얻은 유선 세포를 배양하여 이로부터 핵을 추출한 뒤 미리 핵이 제거된 미수정란에 이식했습니다. 이때 다 자란 세포에서는 수정란 세포를 발생시키는 유전 정보가 발현되지 않으므로 체세포 핵의 세포분열 주기와 핵을 받을 난자의 주기를 맞추는 과정이 중요합니다. 수정란은 대리모 자궁에 이식되어 돌리(Dolly)라는 복제양으로 태어났습니다.

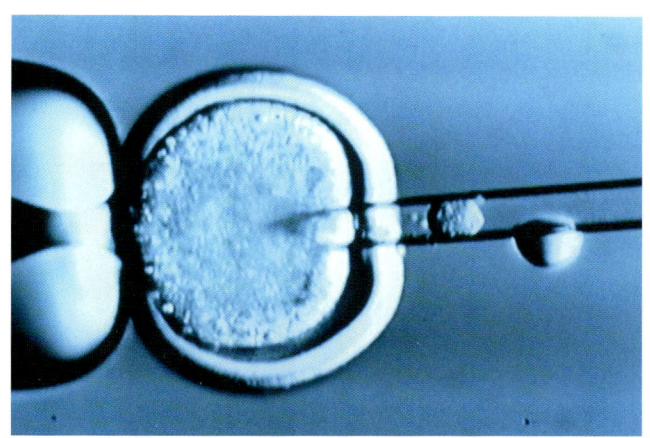
수정란에 핵을 주입하는 모습

복제양 돌리

　윌머트 박사의 성공 이후 전 세계적으로 복제 연구가 붐을 이루었으며 우리나라에서도 복제 소가 탄생하였습니다. 또한 인간의 체세포를 복제하여 여벌의 장기를 만들어내어 필요할 때 이식하는 연구도 시행했습니다. 그러나 인간을 대상으로 한 복제 연구는 사회적으로 거센 반발을 낳았으며, 생명공학 전반에 대한 윤리적인 검토가 시작되었습니다.

냉동인간은 어떻게 만들까?

〈데몰리션맨〉이라는 영화를 보면 1990년대에 냉동인간으로 보존된 한 경찰이 2032년에 깨어나 악당을 물리치는 모습이 나옵니다. 또 영화 〈로스트 인 스페이스〉에서도 주인공들이 우주여행을 떠나면서 냉동캡슐에 들어가자 순식간에 서리가 낀 얼음으로 변하는 장면이 나옵니다.

이러한 냉동인간은 인간의 생명활동을 일시 정지했다가 다시 활동하도록 하는 기술입니다.

그런데 공상과학영화에서 다루어지는 이러한 냉동 인간 기술이 최근의 연구 개발로 그 가능성이 높게 제기되고 있다고 합니다.

현재의 동결 기술은 일부 포유류에 대한 동결과 해동에 성공한 단계까지 발전했습니다. 세포 1개를 동결했다가 해동하는 실험은 이미 성공했고요. 이 실험은 삼투압을 이용해 세포내의 수분을 빼내고 대신 동결보호제를 투입해 동결시키는 방법입니다. 그리고 이를 반대로 해 주면 세포는 다시 활동하게 되는 것이죠.

미래를 보고 싶은 사람이나 미래의 의학기술로 불치병을 고치려는 사람들은 인간을 대상으로 한 실험이 성공하기를 애타게 기원하고 있습니다.

지금도 과학자들은 냉동 후에 해동을 통해 생명을 유지하는 방법을 찾기 위해 꾸준히 노력하고 있습니다.

과학으로 보는 쥬라기 공원

영화 〈쥬라기 공원〉에서 몇 가지 과학적 오류를 찾아볼 수 있습니다. 먼저 공룡 복원의 열쇠가 되는 공룡의 피를 빨아먹은 모기 화석을 들 수 있습니다. 쥬라기 시대에는 지금처럼 공룡이나 동물의 피를 빨아먹은 모기 화석을 들 수 있습니다. 쥬라기 시대에는 지금처럼 공룡이나 동물의 피를 빠는 모기라는 곤충이 거의 없었으며, 설령 있었다고 하더라도 그 공룡의 피를 이용하여 공룡을 복원하는 것은 불가능합니다. 유전자의 분자구조는 깨지기 쉬워서 10만 년도 견디기 어렵다고 합니다. 그런데 공룡이 존재한 시기는 아주 오래 전인 중생대이므로 시간이 너무 오래 지났고, 또 DNA는 매우 섬세한 물질이기 때문에 설령 존재한다 하더라도 매우 극소수인데다가 다른 DNA와 섞여 있습니다. 결국 복원시켜봤자 불완전한 공룡, 즉 공룡을 닮은 생명체밖에 되지 않습니다. 또한 모기 한 마리로 그 많은 종류의 공룡들을 모두 복원시킬 수는 없습니다.

또 다른 오류로는 〈쥬라기 공원〉에 나오는 공룡들은 대부분 쥬라기가 아닌 백악기 말기의 공룡들입니다. 영화의 주인공인 티라노사우루스와 벨로시렙터는 백악기의 육식 동물이고, 코뿔소를 닮은 트리케라톱스 또한 백악기 공룡입니다. 영화에 등장하는 공룡들 중에서 목이 긴 초식 공룡인 브라키오사우루스만이 쥬라기 시대에 나타나 백악기에 번성했던 공룡입니다.

[지혜로 가는 징검다리] 사이언스주니어는 세상을 움직이는 비밀의 문으로 여러분을 초대합니다. 그곳에서 우리는 우리 선조부터 쌓아온 지식과 지혜의 힘을 만날 것입니다.

뉴턴은 자신이 이룩한 모든 것은 거인의 어깨 위에서 세상을 보았기 때문이라고 말했습니다.

지금은 우리 인간이 지구의 역사에서 가장 큰 거인이 되었습니다. 하지만 이것은 모두 우리를 앞서 간 수 많은 사람들이 고정된 틀을 깨뜨리려는 노력들이 있었기 때문에 가능한 것이지요.
우리가 이렇게 거인으로 남아 있기 위해서는 많은 노력이 더 필요합니다. 단순히 교과서의 지식만을 머리 속에 채워 넣고 우쭐대는 키만 큰 거인이 아닌 새로운 미래를 꿈꾸는 진정한 거인으로 성장해야 합니다. 그렇게 하기 위해 진정 필요한 것이 무엇인가를 찾는 것은 이제 여러분의 몫입니다. 이 책은 여러분이 찾고자 하는 것을 위한 최소한의 징검다리가 될 것입니다.

소중한 우리의 자녀를 지혜로운 아이로 자라도록 지식의 길을 닦는 사이언스주니어의 노력은 앞으로도 계속 될 것입니다.

상상력을 깨우는 초등 과·수·원 01

우주에 관한 모든 궁금증이 풀린다!
명쾌한 해설과 유쾌한 웃음이 함께하는 우주여행 이야기

1권 **별과 우주 이야기**   2권 **태양계 이야기**   3권 **우주여행 이야기**

이태형 글(천문우주기획 대표)

■■ 우주에 대한 소중한 꿈을 키워주는 우주견문록

밤하늘을 아름답게 비추는 달과 별은 우리에게 꿈을 줍니다. 우리의 할아버지의 할아버지, 그리고 그 할아버지의 할아버지들도 이 별들을 보며 꿈이 이루어지길 바라며 마음을 하늘로 실어 보냈습니다.

이렇게 우리의 마음 속에 소중하게 간직한 별들을 우리는 얼마나 알고 있을까요? 별은 단순히 불타고 있는 천체로일까요? 그렇다면 우리는 별에 대해 아무 것도 모르는 것이나 다름 없습니다.

별에게는 수십억 년을 우주 공간 속의 생명으로서 숨쉬고 있고, 그 생명은 무수히 많은 또 다른 생명을 만들어 내고 있습니다. 우리의 지구도 마찬가지지요. 우리의 몸도 어느 이름 모를 별의 먼지 속에서 태어났습니다.

우리의 생명의 근원인 이 별을 찾아 가는 즐거운 여정을 우주견문록이 함께 한다면 어떨까요?

 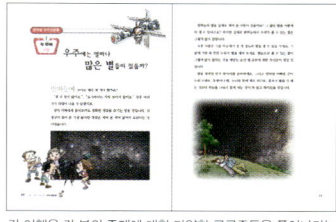 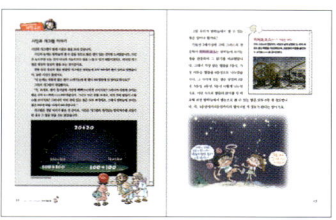

1권은 1부와 2부로 구성되며, 1부는 '별이란 무엇일까?'라는 주제로 총 6번의 여행을 떠납니다. 그리고 2부에서는 '우주는 어떤 곳일까?'에 대해 총 7번의 여행을 통해 풀어봅니다.

각 여행은 각 부의 주제에 대한 다양한 궁금증들을 풀어나가는 방식으로 꾸며집니다. 짜임새 있는 구성과 쉬운 용어 설명들이 순차적인 이해를 돕고 있습니다.

각 여행의 본문에 등장하는 인물이나 전문용어를 정확하게 이해할 수 있도록 'COOK! COOK! 과학요리'와 '지식나침반' 등의 팁을 별도로 구성했습니다.

'선생님과 채팅해요'를 통해 그동안 어디에서도 풀어 주지 못했던 호기심들에 대한 해답을 찾을 수 있습니다. 또한 다양한 사진, 일러스트, 삽화 등이 함께 어우러져 이해를 돕습니다.

두 페이지 전체를 차지하고 있는 우주 사진은 망원경을 통해 실제로 보는 듯한 기분을 들게 해줍니다.

각 본문의 끝은 재미있는 만화를 삽입하여 전체적인 내용을 재미있게 정리할 수 있도록 도와줍니다.

상상력을 깨우는 초등 과·수·원 02

창의·사고력을 높여주는 초등수학만화

① 앙마니우스와 도형의 방

수학 문제를 다 풀지 못하면 영원히 나올 수 없는 가상의 수학 게임 세계!

30개의 수학 문제들을 다 풀어야 빠져나올 수 있는 오디세이 수학 게임 세계.

문제의 정답이 아닌 틀린 답을 대면 뾰족한 철벽이 좁혀 들어오고, 어디선가 수없이 날아오는 화살, 그리고 괴물에게 잡혀 먹히는 위험천만한 상황들… 청명과 단비 남매는 어떻게 문제를 풀고 무사히 집으로 돌아올까?

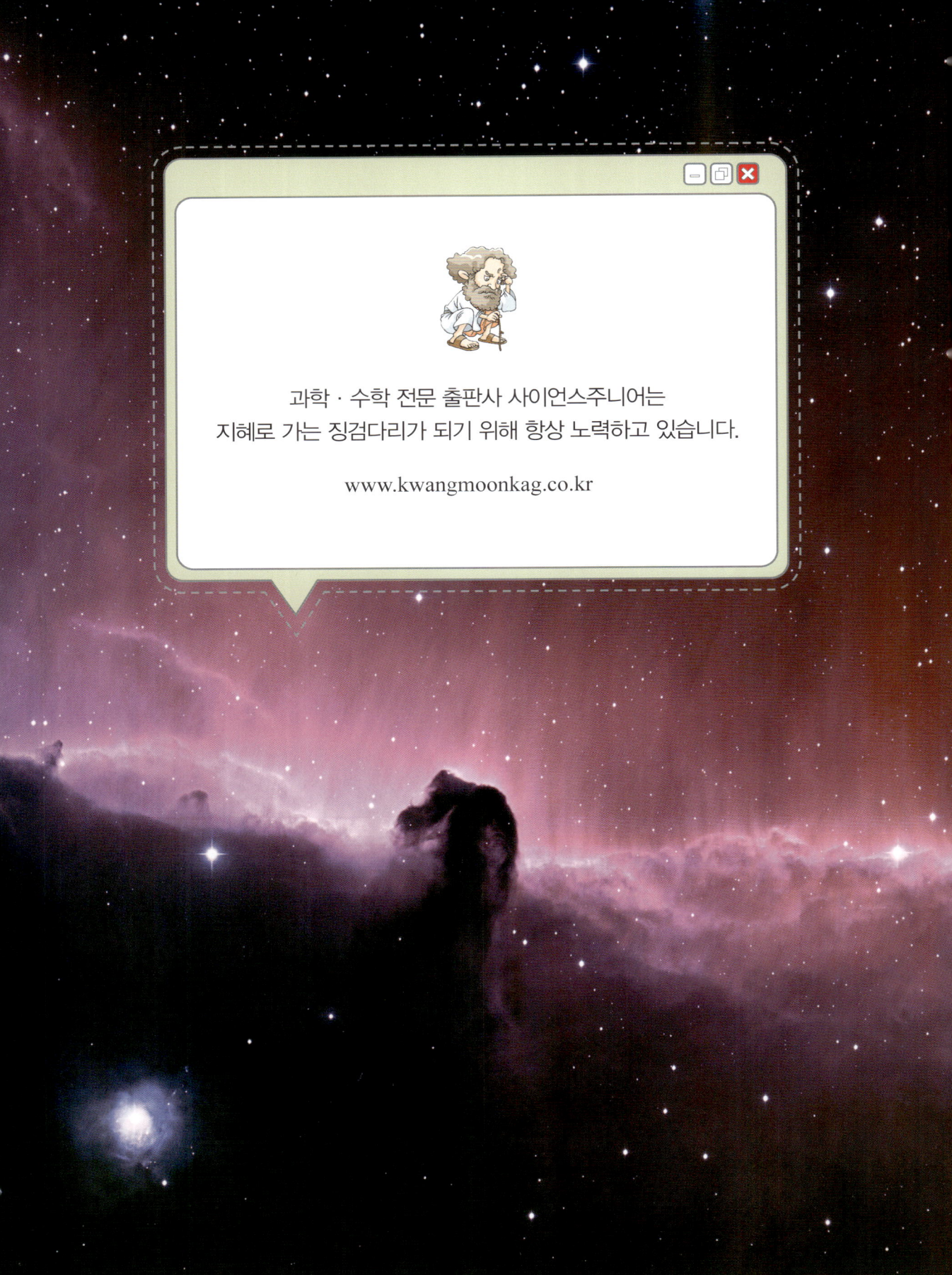